社交心理学

许昭华◎著

—— 关系都是麻烦出来的 ——

台海出版社

图书在版编目(CIP)数据

社交心理学 / 许昭华著. — 北京:台海出版社,
2017.7

ISBN 978-7-5168-1488-8

Ⅰ.①社… Ⅱ.①许… Ⅲ.①心理交往–社会心理学
Ⅳ.①C912.62

中国版本图书馆 CIP 数据核字(2017)第 168068号

社交心理学

著　　者:许昭华

责任编辑:王　萍　贾凤华

装帧设计:芒　果　　　　　版式设计:通联图文

责任校对:王　杰　　　　　责任印制:蔡　旭

出版发行:台海出版社

地　　址:北京市东城区景山东街 20 号　邮政编码:100009

电　　话:010-64041652(发行,邮购)

传　　真:010-84045799(总编室)

网　　址:www.taimeng.org.cn/thcbs/default.htm

E – mail:thcbs@126.com

经　　销:全国各地新华书店

印　　刷:北京鑫瑞兴印刷有限公司

本书如有破损、缺页、装订错误,请与本社联系调换

开　　本:710mm×1000 mm　　　1/16

字　　数:193 千字　　　　　印　　张:14.5

版　　次:2017 年 10 月第 1 版　　印　　次:2017 年 10 月第 1 次印刷

书　　号:ISBN 978-7-5168-1488-8

定　　价:38.00 元

前　言

Preface

1

我们经常会听到上一辈给我们的告诫："没事别麻烦别人。"很多善良的人，他们什么事情都自己处理，从来不爱请别人帮忙，他们认为麻烦别人是错误的。

但是，这类"好人"的人际网络，却往往非常单薄。因为，当我们不需要别人的帮助时，我们就缺少了建立关系的缘由。

在社交中，我们不要怕麻烦别人，也不要怕被麻烦。处在所谓的"关系网"中就应该经常沟通联系。你帮我，我帮你，混到一个圈子里，谁也离不开谁，才叫成功。要保持经常联络感情，遇事相互"麻烦"的社交心理，你的人脉资源才更加丰富，人际关系网络，才更加庞大。

2

但"麻烦别人"也是一种高深的社交修炼。

首先要端正的是个人的心态，很多人认为"麻烦别人"是一种"求人"，抹不开面子，放不下架子，一旦被拒绝过一次，便会一朝被蛇咬十年怕井绳，另有些人在"麻烦"的时候从不考虑对方的感觉，不分时间地点，不看场合，不看办事对象。还有一些人，自觉对朋友很好，请他们吃饭、喝酒、陪他们玩乐，请他们到家中时也奉为上宾，但是在需要朋友帮忙的时候，却得不到回报，因为他们做的这些，并不能使朋友对他们有深入的好感，也无法满足友情的需求，有时反而会加重朋友在应酬上的负担……

所以说，"麻烦"别人，是一门如何巧妙做人做事的学问，是一种智慧、路线、方法……不管你从事什么行业，不管你的职位高低，不管你的阅历深浅，学会它都将令你受益无穷。

我们的社会大环境是很复杂的，人的类型很多，一个人应该怎么去面对社会、结交朋友，实在是相当重要的事，也不是一件容易的事。一般说来，朋友可分为两种：一般朋友和真心朋友。进一步说则有：点头之交、玩乐之交、默契之交、道义之交、生死之交……不管是哪种程度、哪种境界的朋友，都会对你有某种程度、某种境界的提高和帮助。

我们固然要选择益友加强联系，但也要学会避开损友，懂得如何与三教九流形形色色的各种人打交道。不过，一定不要在需要别人时，才去交朋友。利益一般会偕朋友同来，但交朋友的目的，绝不是单纯地为了个人的利益。要知道，我们选择别人，别人也同样可以选择我们。

如果你不能设身处地为别人着想，就永远不会交到真正的朋友，即使勉强自己去接近别人，也只是表面上的敷衍、应酬。久而久之，别人就洞悉了你的客气和笑容，知道那完全是虚伪的交际、应付，如此一来，你刻意去维系的社交关系，不就等于零了吗？

……

3

我们在研究社交的学问时，一定不可忽视必要的心理分析，否则会动辄得咎，四处碰壁。

本书分为个人成长、人际关系、团队合作三篇，帮助你端正心态，让你在人际交往中学会恰到好处地"麻烦"别人；在团队合作中学会互相帮助，使做下属的可以有所提升，做领导的可以学到授权技巧。所以，本书读者群定位广泛，是日常必备的应用型心理书。文中有实用的心理分析，并有相应的应对策略，具有非常积极的指导作用。

本书中的技巧也可以帮助人们实现良好社交。无论是初入社会的年轻人还是在社会中摸爬滚打了几年的人，都能从阅读本书中得到社交的智慧。合理地运用这些技巧能帮你扫除通往情感、权力、财富道路上的绊脚石！

目 录

Contents

个 人 成 长 篇

第一章　你的成熟度取决于你的形象　

　　谁都想当老好人，谁都不想得罪人，谁都想在公司受到尊重……于是，你处心积虑地讨好同事，想尽办法搞好关系，绞尽脑汁地做万金油！这么多年真的管用了吗？答案是：NO。搞好人际，首先要从自己的形象修炼做起！

目录

目
录
鲁

人 际 交 往 篇

第四章　学会变通：上山唱山歌，下海唱渔歌　　/ 87

　　谁又能真的"万事不求人"呢？有这样"资本"的人有多少呢？生活和事业上有太多需要协调和屈就的事情，需要我们付出耐心和智慧来解决，而不是靠一时的喜恶和脾气。

第五章　选择能让你"增值"的人去"麻烦"　　/ 111

　　如果一个人使你开始走下坡路，他就不是你理想的友伴，去结交那些使你发出更大亮光的人。无论何时，你都应记住，跟成功的人交往可以孕育成功，跟失败的人交往只能继续失败下去。

第六章　成功的社交，就是用"心"去面对　　/ 129

请你记住：成功的人同时是一个优秀的心理学家，仅仅知道对方怎么想就够了吗？不，完全不够，我们要利用自己的身体语言和心理战术影响对方的思维和心理！

团队合作篇

目
录

第九章　合理授权，多"麻烦"下属的领导才是好领导　　/ 201

　　　　合理授权对于领导实现企业目标至关重要。事必躬亲，最后积劳成疾，不幸早死的诸葛亮，一直以来都是管理者借鉴的对象。一个企业领导如果不愿意授权或者不善于授权，他领导的企业一定是一个缺乏活力的企业。

个人成长篇

第 一 章

你的成熟度取决于你的形象

◈

　　谁都想当老好人，谁都不想得罪人，谁都想在公司受到尊重……于是，你处心积虑地讨好同事，想尽办法搞好关系，绞尽脑汁地做万金油！这么多年真的管用了吗？答案是：没有。搞好人际关系，首先要从自己的形象修炼做起！

1. 不论你从事什么职业，都不能忽视包装

每个人都有一个价格，你的身价是多少？身价越高，就越能吸引到更优质的人和物。怎样利用自身的特点，为自己创造更好的身价？

这就需要包装。

我们先对身价包装做个基本的认识。

在商界，李嘉诚是领袖级的人物，他的公司里有四个副总裁专门负责树立公司和他本人形象。什么时候穿一丝不苟的职业西装，什么时候换有硅谷风格的休闲服，什么时候表现得像个老练的商人，什么时候表现得像个很有魅力的大男孩，这一切都有专门的班子负责策划准备。

社会各界人士的包装方式虽然与演艺明星不同，但目的都是相似的，就是顺应时代潮流，成为一个有魅力的人、受欢迎的人。

在拉美地区，有一位小时候当过擦鞋童、做过苦工，后来成为工会领导人并步入政坛的巴西人，他就是巴西联邦共和国第一位工人出身的总统卢拉。

卢拉曲折漫长的从政之路是从1980年他创建巴西劳工党之后开始的。从1988年起，卢拉开始参加竞选巴西总统。不过，由于当时他缺乏系统的思想，对于如何改变巴西经济并且控制持续不断的通货膨胀没有可行的办法，因此在第二轮投票中失利。

此后，卢拉又在1994年和1998年两次参加巴西总统竞选，但都在第一轮投票中就败给了卡多佐。然而，由他领导的劳工党在议会和地方选举中

斩获颇丰，成为最大的反对党。

尽管连续三次竞选均告失败，卢拉却没有就此放弃。这位从20多岁就投身到巴西政治运动中的左翼劳工党领导人，坚信经过不懈的努力，自己一定能获得成功。

早在第一次参选失利之后不久，卢拉就在劳工党内成立了公民权利研究所，聘请全国著名学者专家讲课，为党员提供学习和研究的机会。在1993年-2001年间，卢拉走遍全国，实地考察和了解社会，为竞选总统和施政积累感性知识。

为了获得2002年竞选的胜利，卢拉作了许多努力。作为巴西众多穷人的希望，往日的卢拉一贯以工人的形象出现，其政见也被对手批评为过于偏激。这导致他在此前的3次总统选举中得票处于第二。此番再度上阵，卢拉决定要向英国工党学习，将自己包装成一名"巴西的布莱尔"，改变以前的"激进工人领袖"形象。为此，他雇了形象顾问，把大把胡子进行了一番修整，脱掉了以前常穿的开领T恤，换成一身西装革履的打扮。

面对广场上人山人海的群众，卢拉说："我在不断改变自己，因为这个世界在不断地改变。"

针对选民求变但怕乱的心理，卢拉提出了"和平与爱心"的竞选口号以重塑形象、改变主张，从激进左派变成了即求变又求稳的务实左派。正是这一改变赢得了人心，卢拉终于当选为巴西联邦共和国总统。

通过演艺圈、商界和政界代表人物的包装术，我们可以得出以下结论：

①不论你从事什么职业，都不能忽视包装的效果；

②包装不是一蹴而就的事，也需要长期的熏陶和培养。

但是请注意，包装不可以由着个性随意发挥，你喜欢什么样的风格是一回事，根据你的出身、职业、所面对的环境和未来角色的期待，所应形成的形象定位是另一回事。并且"喜欢"一定要为"需要"让步。

包装，并不是说给人罩上一件金碧辉煌的大斗篷，把他完完全全地遮盖起来，只让人们看到华丽的一面。如果这样，谁都可以享受包装的效果了，怎么还有"某某没有包装价值"的说法呢？

包装只是把一个人的某一个特点提炼出来，通过大力鼓吹，将其引向实力强的、可依赖的、时尚的、高雅的一面。比如有一种苹果被冰雹打了，表皮上坑坑洼洼，如果你把它装到不透明的塑料袋子里卖，是欺骗；把它宣传成"名副其实的高原苹果，甘甜爽脆"，这就是包装。

有这样一个非常有趣的现象：当某一个城市有大型车展或者顶级楼盘面市时，必是满城的名流精英云集。越是对来宾身份要求严苛，人们越是趋之若鹜。买不买还在其次，特意来看这顶级的名车豪宅，无非就是露个脸让远近朋友了解，自己既没破产，又没不景气，事业依旧蒸蒸日上。

即使在私下已经被资金问题折磨得焦头烂额，也决不能让人看出破绽来——这样包装自己，也许有"打肿脸充胖子"之嫌，但是，只要不侵害他人的利益，也不失为一种好包装。要知道，人间有很多不美好的东西，能接下来、撑下去才是本事，若总是把辛酸痛苦之态挂在脸上，也许能换来一些廉价的同情，却可能招来更多的轻视。

罗蒂克·安妮塔是英国著名的女企业家，她是美容小店连锁集团董事长、家庭主妇创办公司的成功典范。

安妮塔出生于意大利移民家庭，父亲早逝，母亲经营一间小餐馆。安妮塔毕业于面向平民子女的牛顿学院，做过小学教师、国际机构工作人员。结婚后在英国南方小镇小汉普敦协助丈夫戈登开办小旅馆、小餐馆，生意都不算成功，收入仅够维持生计。

安妮塔决定自己创业。结婚前，安妮塔曾到南太平洋旅行，对土著居民使用的以绿色植物为原料的化妆品产生了浓厚的兴趣，采集了不少天然化妆品配方。她认为天然化妆品，一定会比市场流行的化学化妆品更受消

费者欢迎，当时的困难在于需要4000英镑的投入，唯一的办法只有向银行贷款。

安妮塔带着两个女儿来到小汉普顿的一家银行，向银行经理诉说她的困境，说她急需开一间小店养家糊口，希望银行出于人道主义考虑，向她提供资金支持。经理认为银行不是慈善机构，拒绝了安妮塔的贷款要求。

但是，坚强的安妮塔没有绝望，她在时刻不停地想办法。安妮塔研究了一番，一周后她穿上了特制的西服，俨然一副商界女士的打扮，再次来到银行。她还准备了一大摞文件，包括可行性报告和房产凭据等。文件中把她筹划的小店说成世界上最好的投资项目，把自己美化成具有丰富经验的化妆品专业商界奇才。这次她改变了策略，想要用商业的游戏规则——越有钱的人越容易借贷，来与银行周旋。

那位银行经理因为一周前根本没有把安妮塔放在眼里，所以没有认真注意她。她这次改头换面再来时，竟没有认出她来。安妮塔的资历通过了银行的审查，她很顺利地贷到4000英镑，这笔钱成为她非常重要的启动资金。

1976年3月27日，安妮塔的美容小店正式开张。由于此前《观察家报》报道了她开店的情况，结果该店一炮打响，顾客盈门，第一天的收入就达到130英镑。

此后安妮塔不断开设分店，走上了连锁经营的道路，她的小店变成了网络遍布全球的大企业。

这个世界上的穷人，是被机会的列车抛在后面的人。当他们发现别人手中都握着名气、财富、地位，而自己始终两手空空的时候，不免对自己的能力产生怀疑。自卑的心理，使他们一直蹑手蹑脚地行事，小心翼翼地说话。

长此以往，这种谦卑成了他们身上最深刻的烙印，即使有人想拉他们一把，也是以施舍者的面目而不是合作者的身份。

现代社会，人们的眼睛多是往上看的，当我们需要外界的助力的时候，表现自己的困苦绝不如展示自己的信心更有力度。民间有句俗语说："有粉擦在脸上。"——让人多留意你的光辉，然后你才会有支持者。

2. 把自己的需求，包装成对方的需求

事实上，一样的东西，只要用不同的话语有技巧地来包装，就能轻松说服那些擅于拒绝的客人，例如，换个方式或名词来解释你的产品。

"抓准人性弱点"不仅是公关上的一门大课程，也是解决这个困境的良方。根据这一点你会发现，适度用专业词汇来包装产品，是可以让产品不做任何改变也能增值的最简单的方法。

例如，一个对电脑设备一窍不通的人，在向你购买产品时，只知拼命杀价、索要赠品，这时你可以把产品的特点说得愈细愈好，并拿出同类产品进行比较，放大其中的差异，一方面展现你的专业，另一方面能让对方对这项产品有"知识充实感"。

这种说话方式，重点不在于内容，而是技巧。有研究显示，说话的过程中，"表达方式"的影响力，是我们"表达内容"的4.3倍。

很多时候，纵使你有再好、再丰富的交谈内容，也可能被拙劣的说话技巧给抹杀掉。

所以，如果你能根据对象和环境来选择"恰当"的用词，让对方觉得少了这东西完全不行，不但能大幅增加你的说服力，更能免去许多不必要的麻烦和纷争。

我们平常看的广告，几乎也都使用类似的技巧。同样的一包盐，为什

么高呼能提味增鲜的，销量就比洗菜消毒的好？为什么买车子时，你对喷射引擎、碟刹一问三不知，但下意识就会觉得它值得？这正是借由说话技巧，对消费者进行心理暗示的效果。如果你能把说话的焦点摆对地方，订单就是你的了。

戴尔·卡耐基也曾有过一次差点被当冤大头的经历。

话说卡耐基每季都会在纽约的某家大饭店租用大礼堂20个晚上，目的是讲授社交训练课程。但是有一季课程才刚开始，饭店突然通知他租金要加成，而且涨幅竟高达原来的两倍。

原来，旅馆看准了卡耐基开课的相关事务，例如入场券和宣传都已备妥，如果更改地点将会遭受极大损失，这才有恃无恐地狮子大开口。

卡耐基面对这个不合理的要求，并没有陷入愤怒或是慌乱，而是在两天后去找饭店经理。

他看到经理后说："我接到你们的通知时，真的被吓到了。不过这不是你的错。你是这家饭店的经理，当然想让饭店多赚点钱。不过，假如你坚持增加租金，那么让我们理性的分析一下，这样做对你到底有什么好处和坏处？"

"你增加我租金之后，我就一定得找别的地方举办训练，你就可以把大礼堂出租给办舞会等短期活动，那么你们的利润一定比办课程多，租给我显然是你吃亏。"

"但是，我的训练班总是吸引成千的中上层管理人员到你的饭店来听课，这可是相当惊人的广告效益！你就算花5000美元在报纸上登广告，也不可能请到这么多人到你的饭店来。这难道不划算吗？"说完，卡耐基就告辞了。最后，当然是饭店经理让步了。

除了用专业词汇来说服别人之外，面对顾客的蛮横要求，如果没有一套完整的应变手法，往往会落入难以全身而退的困境，就算顺利脱身，也很难达到双赢。

这时你不妨运用点技巧，让事情看起来是对他有利的，也就是表面助敌，实际上却是让自己获得最后的胜利。如故事中所述，为了达到自己的目的，卡耐基聪明地把对方利益放在明处，最后不但让对方让步，还能进一步得到对方的感激。

一间大型成衣厂的老板，他有一回，遇到一名日本来的客户，对方不断要求他提供更好的品质和优惠，但他们所订的量却未达折扣的标准额，这位大老板在不堪其扰之下，终于决定摊牌。

"听我说，朋友！"他一脸心平气和地说，"我十分明白贵公司在财务和市场供需上有困难，但你们不停地要我降价的策略是没有帮助的。"

"首先，我们工厂的出货品质是世界公认的，即使你用原来的价格购买，只要行销方面没有出大差错，就可以保证一定的利润。再者，一味地降价，后果你应该也很清楚，我们只能用这些价钱去评估其他更划算的布料，而这些布料当然不会比现在更好，这对你们的品牌也曾有损害。"

"第三点，贵公司的态度让我觉得很遗憾，你难道忘了我们一开始的合作，就是希望消费者可以用最恰当的价钱买到最好的成品吗？但现在我却觉得，你们似乎想让消费者用高价买回低劣品，这可能会造成我们双方的合作破裂。"

最后，日本客人面红耳赤地进行回报，并以原本的折扣下了订单。

在说服别人时，千万记住，要尽量淡化"个人需求"。把"我的"说成"我们的"！

3. 借名生利，坐享其成何乐而不为

形象设计师英格丽·张说："成长于宽松、经济有保障的家庭的孩子，会对生活中一切都容易满足。他们易于按社会的标准行事，会表现得自信，有安全感、善良、大方、宽容、开通、缺乏野心，因而易于与人合作。他们看待世界人生的眼光与贫困中长大的孩子不同。"

对个人背景（包括家世背景、血缘关系、籍贯、出生地、求学经历、师承、工作资历等）的重视，古今中外，都是人际交往过程中的一个普遍的现象。对那些有着显赫家世背景和工作资历的人，人们总是给予更多的重视，会有更多的尊敬、信任和机会。

在商场上，名人效应法是用于直接促销的常见形式，有时，巧妙地利用有关联的著名人物和组织的影响，可以为企业打造出一条捷径。

在中美洲的一个小国，有一位书商手里的书老是卖不出去，于是就有人给他出主意，让他找人"忽悠"。但是"忽悠"也要讲究方法的，一定要请名人来，在那个地方，总统就是最好的名人。给他出主意的人说只要把书寄给总统，无论他说什么，这书就一定好卖了。书商一听十分高兴。

于是，这位书商就把书寄给了总统，同时还寄去了一封信，信里写道："我手里的书实在是太难卖了，您一定得给我说点儿好话。"总统看完书后觉得还不错，同时觉得他写的信也有道理，于是就在书上写上"这本书不错"几个字，并且把书又给书商寄了回去。

书商拿到总统寄回来的信如获至宝，于是就把书挂在了店里最明显的地方，并且对每一位来书店的人介绍这本总统给出好评的书。果然，这本

书不久就成了畅销书。

有了这一次经验以后，书商不久又把第二本书寄给了总统。总统已经听说上次寄书后书商借他的光把书大卖，于是这次就在寄来的书上写上"这本书实在不怎么样"的字样给书商又寄了回去。

但是书商拿到书后又如获至宝，并且对来书店的每一位客人介绍说："这是一本把总统气得发抖的书。"大家出于好奇也想看，致使这本书也十分畅销，而且这本书比第一本书还要畅销。

这个消息又传到了总统的耳朵里，没过多久又收到了书商寄来的第三本书，但是这次总统没有给书进行任何的评价，把书原封不动地给书商寄了回去。这次书商的宣传语是："一本连总统都看不懂的书。"这本书取得了比前两本书还要好的销路。

帆船出海，风筝上天，无不是"好风凭借力，送我上青云"。人的成功，需要借力。想要"生利"，也可以"借名"。只要你懂得如何借，你就可以轻而易举地取得成功，借助"名"足以让你收获大利。

俗话说得好：借力发力不费力。懂得借力发力的人，就能够以小博大，以弱胜强，以柔克刚，就能够四两拨千斤。

三国时，有一天，周瑜对诸葛亮说：你3天之内，给我打造10万支箭来。诸葛亮满口答应。3天要打造10万支箭，这是根本不可能的事情。但诸葛亮为什么又答应了呢？诸葛亮自有办法。当时要打造10万支箭，就是有钱、有材料，时间也来不及。怎么办？打造不出可以借嘛！向谁借？那当然只有曹操。曹操会借吗？他会借箭给你来杀他吗？办法总比困难多，没有做不到，只有想不到。诸葛亮想到了。他怎么向曹操借呢？

在一个大雾蒙蒙的早上，诸葛亮派出几千艘木船，千帆齐发，船上扎满了稻草，当船驶到河中央的时候，敲锣打鼓，鞭炮齐鸣，杀声震天，佯装攻打曹营的样子。曹操站在城墙上一看，江面上朦朦胧胧地有很多船只向他驶来，曹操以为周瑜真的要攻城了，于是，就命令所有的弓箭手万箭齐发，结果箭一支支射到了船的稻草上。不到一个时辰，诸葛亮就满载而归，收到曹操送来的10多万支箭。这就是历史上著名的"草船借箭"的故事。

再讲一个国外的故事。英国大英图书馆，是世界上著名的图书馆，里面的藏书非常丰富。有一次，图书馆要搬家，也就是说从旧馆要搬到新馆去，结果一算，搬运费要几百万，根本就没有这么多钱。怎么办？有一个高人，向馆长出了一个点子，结果只花了几千块钱就解决了问题。

是怎样的点子呢？图书馆在报上登了一个广告：从即日起，每个市民可以免费从大英图书馆借10本书。结果，许多市民蜂拥而至，没几天，就把图书馆的书借光了。但免费借阅是有条件的，条件就是借书者要把书还到新馆。就这样，图书馆借助市民的力量完成了搬家。

从这两个案例里面，我们就可以领略到"借"的魅力。因此，一个"借"字，天地广阔，大有文章可做。

在当今的创富观念中"借助人气，点旺财气"可以说是众多人的首选。如今，我们无论出行上班还是购物，随处都能看到各种各样明星代言的广告，可以说广告已经成了商品提高知名度的一种首选方式。很多商家凭借名人的声望地位而引起了消费者的特别关注，从而赢得了市场，坐享其成。

在做事的过程中，如果我们也能够借助点名人的效应，那么效果一定会大不一样。比如，很多人在买一件商品的时候，常常会忍不住说："这就是刘德华做广告的那个！"也就是说，当你和名人沾上点关系的时候，身价自然也就不一样了。

因为名人是人们心目中的偶像，人们总是有这样的心理：凡是名人生活的环境都是非凡的地方，与名人有联系的必定是不一般的。基于这种心理，人们纷纷追逐、效仿名人，与名人沾边的东西自然也就成为抢手的东西。只要你策划得法，巧借名目，即便是美国总统也照样可以为你的市场竞争活动增添爆炸新闻。

1984年美国总统里根访华的时候，因为取得了圆满成功，所以里根决定举行临别答谢会。

按照常例，临别答谢会一般都在人民大会堂举行，但刚开业不久的长城饭店决定利用这一难得的机会来提高自身的知名度。他们说服了美方，承办了这次宴会。答谢会当天，500多名外国记者来到长城饭店现场采访，国内外数亿观众看到了长城饭店。

就这样，长城饭店不仅做成了生意，而且让里根总统为自己做了广告，转眼间闻名海内外。

这就是政治名人、要人的巨大魅力。因为政治的权威性，特别是它在民众心中的崇高地位，政治很大程度上左右了民众的喜好。因此，这就构成了一种对商业极有影响的潜在关系资本，善于利用、发掘这种资本，就会带来成功的机遇。世界著名的百事可乐也曾经运用"名人效应"来为自己打开知名度。

百事可乐正处在初创时期时，由于可口可乐先一步进入市场，在美国本土，百事已经没有多少空间了。因此，百事可乐的董事长肯特想进军苏联。

正值1959年，美国国家展览会在莫斯科召开，肯特通过他的至交好友尼克松总统的关系，请"苏联领导人喝杯百事可乐"。尼克松显然同赫鲁晓夫通过气，于是在记者面前，赫鲁晓夫手举百事可乐，露出一脸心满意足的表情。而凭借着这个最特殊的广告，百事可乐迅速在苏联站稳了脚跟。

当然，并不是所有人都有幸认识名人，或者能获得与其接触的机会。如果是这样，只要你能想办法从他身上获取你想要的信息，加以合理利用，也能达到宣传自己的效果。

美国一家公司所生产的天然花粉食品"保灵蜜"销路不畅，总经理为此绞尽脑汁：如何才能激起消费者对"保灵蜜"的需求热情呢？如何使消费者相信"保灵蜜"对身体大有益处呢？广告宣传未必奏效，因为类似的广告大家早就见怪不怪了。

正当总经理一筹莫展的情况下，该公司的一位善于结交社会名人的公关小姐带来了一条喜讯：美国总统里根长期吃类似的食品。据里根的女儿说："20多年来，我们家冰箱里的花粉从未间断过，父亲喜欢在每天下午4时吃一次天然花粉食品，长期如此。"后来，该公司公关部的另一位工作人员又从里根总统的助理那里得到信息，里根总统在健身健体方面有自己的秘诀，那就是：吃花粉，多运动，睡眠足。

这家公司在得到上述信息并征得里根总统同意后，马上发动了一个全方位的宣传攻势，让全美国都知道，美国历史上年纪最大的总统之所以体格健壮，精力充沛，是因为常服天然花粉。于是"保灵蜜"从此风行美国市场。

如今，借助名人提高自己的社会知名度，已经是被社会所承认的一种方式。台湾的巨富陈永泰曾说过一句这样的话："聪明人都是通过别人的力量，去达成自己的目标。"社会上有一种普遍的现象，那就是和名人站在一起，自己不久也会成为名人。作为"东亚四小龙"之一的中国香港，它就是凭借一个"借"字成就其璀璨明珠般的繁荣现状的。它凭借与外国的大公司合营，借别人的知名品牌，借用外国原材料，借用外国公司的销售渠道和销售市场，从事加工制造和出口贸易。凭借"借风使舵"的思维，香港迅速走向了繁荣。

所以说，一个人要想成就一番事业，除了努力苦干，还要用巧劲干，比如想办法与名人沾上一点关系，借他的名望来壮大自己的声势，借别人的"名"而生自己的"利"，从而坐享其成。

4. 为声音注入活力

你有没有过这样的经历：在某次会议上，你的发言得不到听众太大的反应，但几分钟后别人说了同样的事，却得到了所有人的关注和赞赏？也许，问题的症结不在于你说的内容，而在于你说的方式。

在一次重要的行业会议上，有位经理人做了发言。作为领导，他备受尊敬；作为演讲者，他的声音却让人难以接受。以前，即使是在发挥最好的时候，他的声音听起来还是很单调；而在发挥最差的时候，说他是"五音不全"也不冤枉。这次演说好像也不会有奇迹出现。

然而，有趣的事情发生了。他在一开始讲述了一个关于自己的故事，声音突然起了变化。原本平淡的演说融入了鲜活的色彩与激情。

关于该如何演讲，这个经理人获得了一个简单的解决方案，就是把演讲内容当成一个大故事来讲。"讲故事"而非"做演讲"使他得以展现出真实的自己，并且说话也更加自如了。

说来也奇怪，许多人竟然认为，平淡的演讲是权威性的表现。为了表现得有条理，他们执着于那种干巴巴的、生硬的"领导人式发言"，言语间全无任何感情。他们错误地认为，在演讲中带上个人色彩和表情会让自己看上去十分做作。然而，单调的声音只会使听众昏昏欲睡。

那么，我们的耳朵愿意听到什么样的声音呢？想象你正在听两段不同的音乐，第一段有4个音符，第二段有12个音符。哪一段音乐能更持久地吸引住你？当然是后者，因为它变换丰富。人的声音也是一样。声音越丰富多彩，变化越多，就越能抓住听众的注意力。

我们中的大多数人，说话时声音多少会有些变化。但区别演讲者优劣的关键在于，单调的演讲者没有充分地变换语调，也就是说他没有注意音调的抑扬顿挫，从而让听众觉得十分乏味。

拿格林斯潘和克林顿做个对比。前者的声音听上去十分平淡、缺少变化，后者则很有表现力，语调变换也很丰富。在演讲中，让你的声音多一些高低起伏，不但会显得更加有说服力，而且也更能表明你会对自己所说的话负责。

具体可以这么做：说到最关键的信息时，改变音调。通常，用来限定或描述事物的词语，如形容词、副词和行为动词，最好加重语气。如果你还不习惯抑扬顿挫地来说话，就必须得多使用高音，来获得最佳效果。

当然，即使是颇富魅力的演讲者，在某些特定情况下也可能会失去光彩，比如当他们极度疲劳时。因此，历经一趟漫长的空中旅程后，在讲话时要格外注意让自己的声音充满弹性，至少这样听上去能显得愉快、有活力。毕竟，没人会愿意听到经理疲惫不堪的声音。

重复相同的内容也会让演讲变得无聊、沉闷。想想那些百老汇的演员，他们总在重复着一成不变的台词，日复一日，年复一年。但是，他们每一次都必须唱得悦耳动听！他们是怎么做到的呢？从某种程度上来讲，他们把工作当成了一种游戏。首先，他们大量应用声线的变化。其次，他们不断尝试不同的音调。因此，几乎没有哪两场演出是完全相同的。由此可见，变换音调能使演讲内容听上去更具新意，更像是即兴发挥的。

此外，当你需要讲述复杂的或者技术性的内容的时候，也要充分利用你的声音。许多演讲者认为，使用技术术语能够给听众留下较为深刻的印象。但是，如果使用不慎，这些术语反而会让演讲变得枯燥乏味。

有位经理人需要就一个非常专业的题目做演讲。在指导他的过程中，当我们试图让他美化自己的发言时，他突然停下来说："行了，对这样的内容，我只能做到这种地步了。"其实，他的这种想法是大错特错的。永远不要把自己枯燥的演讲归咎于内容。无论内容看上去有多么无趣乏味，作为演讲者的你都必须让它听起来趣味横生，这就是你的工作。

还有一位执行董事，她遇到的是另一个问题。每天快下班时，她的声音就会变得很粗糙、沙哑，她想知道该如何改善。于是社交专家给她制订了每日的声音训练计划。可她却惊讶地叫起来："每周五天，每天我都要不停地说上好几个小时，可为什么我的声音并没有变得更有力呢？"

答案在于，一个人不可能仅仅通过平时的说话来练就洪亮有力的声音。日常说话是无法和正规的训练相比的。要练就洪亮、有力的声音——这种声音能够引起别人的注意，帮你赢得他人的尊重——你需要接受系统的发声训练。

多长时间后你的声音就能够得到明显改善呢？这取决于你愿意付出多大的努力。你得培养自己对挖掘声音的极致潜力的渴望与动力，不要满足于达到最低标准。毕竟，你的声音听起来越悦耳，你可以获得的机会就越多。最后请记住，无论这是否公平，在你的个人生活与职业生涯中，人们在某些时候总是通过你的声音来评判你的人。

5. 快速赢得对方好感

如何快速赢得对方好感？或者是让原本对你防备的人放松警惕？这需要先理解一些心理学效应。

利用近因效应

近因效应是指在多种刺激一次出现的时候，印象的形成主要取决于后来出现的刺激。

生活中我们是否注意过这种事情：某人犯了一个错误，人们便改变了对这个人的一贯看法。某电视台著名节目主持人，一生声名卓著，到了晚年却晚节不保，因为一桩私生活的丑闻而败坏了一世名声；某人因做了一件有意义的好事，人们就认为他是浪子回头金不换，以前的不好都随之而去，从此对他刮目相看；在朋友交往中，有时多年的友谊会因一次小别扭或误会而告终；夫妻之间吵架，一气之下，可能全忘记了对方过去的好处和恩爱，只想着离婚……这些都是心理学上的近因效应在起作用。

曾国藩有一个有趣的故事，可以作为近因效应的引证。

曾国藩在最初和太平军的交锋中，一直处于劣势，于是在奏折中称自己"屡战屡败"。但他幕下的一个师爷看了说，不要这样写，而是将四个字的位置调动了一下，变成了"屡败屡战"。

曾国藩恍然大悟，把奏折改了过来，交了上去。结果一个"常败将军"的形象变成了败而不馁、坚忍不拔的形象。

近因效应还有一个表现就是，最后一句话决定了整句话的调子。比如，老师跟学生说："总能考上一个学校吧，虽然录取率那么低。"或者说："虽然录取率那么低，总能考上一个学校吧。"这两句话的意思是一样的，只因语句排列的顺序不同，给人的印象却全然不同。前者给人留下悲观的印象，后者则给人乐观的印象。

在日常的人际交往过程中，我们对他人最近、最新的认识占了主体地位，掩盖了以往形成的对他人的评价，因此，近因效应也称为"新颖效应"。

生活里，我们总是强烈谴责喜新厌旧的人，认为他们的行为是不道德的。然而，在交往中，很多人都有"喜新厌旧"的习性——比较重视"新"的信息，而不太重视旧的信息。

近因效应实际上包含着人类喜新厌旧的本性。这提醒我们，人际关系是需要"保鲜"的，尤其是夫妻之间。

贺岁大片《手机》里有句流行一时的台词："在一张床上睡了20年，难免会有一些'审美疲劳'。"不管当初如何恩爱、如何甜蜜，如果不能经常保持新鲜感，近因效应可能会使我们忘记对方过去的好，而因为喜新厌旧，去移情别恋了。

新近的信息比以前得到的信息对于交往活动有更大影响，突然的一个信息会使人们早已习惯的认识和印象发生质的飞跃。

张娟和郭珊珊是同时进入公司的新同事，两人对彼此的第一印象都很好，脾气相投，背景学历相当，对问题的看法和角度都很相似，恰似酒逢知己千杯少，俩人慢慢成了好朋友。

日子一天天过去，俩人也是越来越有默契，友谊之树在慢慢成长。但是最近，在闲谈中，张娟发现郭珊珊的一些话语和以前告诉她的不一样，前后矛盾，于是心中犯疑，对郭珊珊以前的一切友好都打上了问号，认为她是个不真诚的人，从此以后对她说的任何话都不相信了。

那么近因效应是否和第一印象互相矛盾呢？其实，它们并不矛盾，而是各自有着适用的范围。心理学家告诉我们：在与陌生人交往时，第一印象影响较大，而在与熟人交往时，近因效应则有较大影响。这就提醒我们，在人际交往中，不能依靠吃老本，要时刻注意近期的表现，时刻注意保持已经树立起来的形象。

平时在和老朋友交往中，每一次交往都要认真对待，特别是每一次交往最后几分钟的音容笑貌。由于是老朋友，就没有什么第一印象可言，而到底哪一次交往能发生近因效应，却是无法预料。只要有一次表现得有点异样或特别，那么，过去的表现就会大打折扣甚至一笔勾销。因此，每一次交往都得真诚相待，不能因为是老朋友就"忘乎所以"。

利用首因定律

在生活中，每个人都会对"第一"情有独钟。你会记住第一任老师，第一天上班、第一个恋人等，但对第二就没什么深刻的印象。你知道吗？其实这是"首因定律"的表现。

有位心理学家撰写了两段文字，讲的是一个叫吉姆的男孩一天的活动。其中一段将吉姆描写成一个活泼外向的人：他与朋友一起上学，与熟人聊天，与刚认识不久的女孩打招呼等。而另一段则将他描写成一个内向的人。

研究者让有的人先阅读描写吉姆外向的文字，再阅读描写他内向的文字。而让另一些人先阅读描写吉姆内向的文字，后阅读描写他外向的文字，然后请所有的人都来评价吉姆的性格特征。结果，先阅读外向文字的人中，有78%的人评价吉姆热情外向，而先阅读内向文字的人，则只有18%的人认为吉姆热情外向。

人们在不知不觉中，倾向于根据最先接收到的信息来形成对别人的印象。这就是第一印象的作用。第一印象又称为初次印象，指两个素不相识的陌生人第一次见面时所获得的印象。那么，第一印象真的有那么重要，以至于在今后很长时间内都会影响别人对你的看法吗？

一个新闻系的毕业生正急于寻找工作。一天，他到某报社对总编说："你们需要一个编辑吗?"

"不需要!"

"记者呢?"

"不需要!"

"那么排字工人、校对呢?"

"不，我们现在什么空缺也没有了。"

"那么，你们一定需要这个东西。"说着他从公文包中拿出一块精致的小牌子，上面写着"额满，暂不雇用"。总编看了看牌子，微笑着点了点头，说："如果你愿意，可以到我们广告部工作。"

这个大学生通过自己制作的牌子，表现出了自己的机智和乐观，给总编留下了美好的"第一印象"，引起对方极大的兴趣，从而为自己赢得了一份满意的工作。并且，因为对他有良好的第一印象，总编一直对他印象颇佳。由此可见，第一印象真的很重要!

人们对你形成的某种第一印象，通常难以改变。而且，人们还会寻找更多的理由去支持这种印象。有的时候，尽管你表现的特征并不符合原先留给别人的印象，人们在很长一段时间里仍然要坚持对你的最初评价。第一印象在人们交往时所产生的这种先入为主的作用，被叫作首因定律。

心理学家认为，第一印象主要是一个人的性别、年龄、衣着、姿势、面部表情等"外部特征"。一般情况下，一个人的体态、姿势、谈吐、衣着打扮等都在一定程度上反映出这个人的内在素养和其他个性特征。

无论你认为从外表衡量人是多么肤浅和愚蠢的观念，但社会上的人们每时每刻都在根据你的服饰、发型、手势、声调、语言等自我表达方式在判断着你。无论你愿意与否，你都在留给别人一个关于你形象的印象，这个印象在工作中影响着你的升迁，影响着你的自尊和自信，影响着你的幸福感。

使用敬语和谦辞

平常说话有许多口头"敬语",我们可以用来表示对人尊重之意。"请问"有如下说法:借问、动问、敢问、请教、借光、指教、见教、讨教、赐教等。"打扰"有如下词汇:劳驾、劳神、费心、烦劳、麻烦、辛苦、难为、费神等委婉的用词。

如果我们在语言交际中记得使用敬语和谦辞,相互间定可形成亲切友好的气氛,减少许多可以避免的摩擦和口角。

有一位服务于某大型电脑公司、担任系统工程师的职员。他在公司已服务6年,技术优秀并很关照晚辈,上级对他也另眼相待。但他却在一次与客户的交涉中,犯了意想不到的大错误。

某客户买了这家公司的电脑,因而召集员工听该电脑公司的人讲解。这位系统工程师极认真而详细地解说电脑的操作和内容。在说明会的休息时间里,他前往洗手间,要洗手时才发现没有洗手用的香皂。他看见隔壁放着一块,但正好有一位老人在用,这位工程师由于赶时间,并未向老人打声招呼就径自伸手将香皂取过来用,然后在隔壁随便抓把卫生纸擦手,就匆匆走出去。

那位老人对这位工程师的所作所为很生气,认为不招呼一声就随便用别人位子上的东西,是很不礼貌的行为。而这位老人正是这家客户公司的董事长。

"这么不懂礼貌的人,是哪家公司的人?"

这位董事长一询问,知道是电脑公司派来讲解的工程师,结果使得原来要成交的电脑被退了回去。这么一来,电脑公司也开始调查原因。电脑公司总经理特地到这家公司谢罪,但还是无法挽回工程师所造成的恶果,工程师也因此引咎辞职。

这位本来很有前途的优秀工程师，若能在洗手时多说一句"对不起，请让我先用一下"，整个情形都将为之改观。由此可见，短短的一句话，也是不容轻忽的。

倘若经常觉得"这种小事不说也无妨，对方一定会知道的"或认为"芝麻小事，不说也罢"，这就错了。自己这样想，对方是不是也这么想呢？所以，虽然是芝麻小事，仍是要经由嘴里讲出对方才能明白、谅解。

虽然电脑公司的人前去对生气的董事长道歉，但并没有缓和彼此间的气氛，反而加深其间的裂痕，这样的例子并不少见。

前去道歉的人，心里总是难过，头也是垂下的。道歉之前，总想先解释事情，结果往往忘了说几句对不起的话，反而更引起对方的不满。所以去道歉的人，看到对方马上要先说："真对不起，我错了。"然后再说明事情也不迟。在说明时，也不要忘记强调歉意，并说："真的很抱歉"，"你所说的很有道理"或说"我了解你的意思"。

听对方说话时，在必要时候，还要点头附和，这样对方的火气才会降下来，并通过这次会面使彼此之间更加和谐。这种在与人交涉方面很能干的人，在公司容易受上级看重，并受客户欢迎。

清爽的形象为你加分

大家都了解第一印象的重要性，而研究发现，50%以上的第一印象是由你的外表造成的。你的外表是否清爽整齐，是让身边的人决定你是否可信的重要条件，也是别人决定如何对待你的首要条件。

心理学家做过一个试验：分别让一位戴金丝眼镜、手持文件夹的青年学者，一位打扮入时的漂亮女郎，一位挎着菜篮子、脸色疲惫的中年妇女，一位留着怪异发型、穿着邋遢的男青年在公路边搭车，结果显示，漂亮女郎、青年学者的搭车成功率很高，中年妇女稍微困难一些，那个男青年就很难搭到车。

这个故事说明：不同的仪表代表了不同的人，随之就会有不同的际遇。这不仅仅是以貌取人的问题。

媒体策划专家有一句名言：要给人好印象，你只需要7秒钟。通过大量的分析，研究者们得以成功描绘出影响第一印象形成的因素：第一印象的形成有一半以上内容与外表有关。不仅是一张漂亮的脸蛋就够了，还包括体态、气质、神情和衣着的细微差异；大约40%的内容与声音有关。音调、语气、语速、节奏都将影响第一印象的形成；只有少于10%的内容与言语举止有关。

并不是所有人都可以长得美若天仙或是英俊非凡，但每个人都可以做到干净整洁。油性皮肤者一定要注意脸部和头发的干净清爽，干性皮肤者则要避免脸上出现令人不快的皮屑，然后就是衣着是否整洁得体。你的衣服表明你是哪一类人物，它们代表着你的个性。一个和你会面的人往往不自觉地依据你的衣着来判断你的为人，所以有句话叫"人靠衣装"。

服饰只有与穿戴者的气质、个性、身份、年龄、职业以及穿戴的环境、时间协调一致时，才能真正达到美的境界。得体的穿着讲究和人本身的身材年龄性格和谐，同时也讲究和场合的和谐，在不出错的基础上再讲究搭配的技巧。所以我们平时应该多浏览一些时尚杂志或网站，根据自己生活和工作的需要，有技巧地打扮自己，让自己赏心悦目。

6. 魅力女人必须提升自己的底蕴

有些女人是天生的社交高手。这不是因为她们拥有倾国倾城的容貌，而是因为她们无论在任何场合，都能口吐莲花、妙语连珠，博得满堂彩。

女人如何提升自己的内涵呢？具体来讲，应该从以下几个方面多下工夫：

随时更新知识积累。穿着时尚的女人总能给人美感，而如果一个女人穿着时尚，嘴里说的却是上个世纪的词语和话题，那就只能被人称为"土老帽"了。所以，女人不仅要在服装上做时尚的代言人，也要让自己的知识随时更新，紧紧跟随时代发展的脉搏。

多看新闻，关心时政。爱看报纸和新闻的似乎多是男性，然而作为女性，也不能脱离那些好像跟自己没有关系的政治大事。你不能成为一个"一心只知穿着打扮，两耳不闻窗外事"的女人，否则会给别人留下肤浅的印象。

加强生活积累。很多女人在和别人谈话的时候，别人都不爱听，那是因为她缺乏生活的积累，说的都是一些不着边际的话。所以，要想有好口才，多加强生活积累也很重要。知识、阅历、情感、生活等都能丰富一个女人的内心。这些"养分"是源泉，透过一根根血脉、一条条经络打造着女人的魅力，提升着女人的品位和内涵。

塑造自信性格，给自己积极暗示和鼓励。美丽的女人，不一定要有漂亮的脸蛋和迷人的身材，任何一个女人都可以因为自信而变得美丽。一个自信的女人在任何时候都会面带笑容，遇到任何事情都会处变不惊，坦然面对！即使是遭遇重大事故或艰难选择，她们脸上永远都带着迷人的微笑。自信的女人温柔高雅，无论在任何场合都谈笑自如，举止大方。她们懂得在什么样的场合说什么样的话，也懂得什么该说，什么不该说。不论是面对阿谀奉承还是讽刺挖苦之人，她们都会以一种平常的心态去面对。

魅力女人的12项修炼

（1）聪明博学

女子无才便是德这句话早已被人弃如敝屣，身为一个才女，你的冰雪聪明、玲珑剔透肯定令人折服，倘若有你在场就有说不完的丰富话题，身边的人怎么会感到琐碎无聊呢？

（2）穿着得当，品味独到

你不一定是脸蛋长得最漂亮的，但人们觉得你赏心悦目；你不需要追求潮流，却能独具匠心穿出个人品味。能传达出内心的成熟与丰富的女人，就像一杯醇厚的葡萄酒，令人微醺微醉。

（3）言语风趣收放自如

你要懂得语言的艺术，千万不要在观点不一时将自己的意见加于他人。你会轻松地化解对方无聊的玩笑，既不用板起面孔制造尴尬，也不会忍气吞声照单全收，你会以委婉的方式暗示对方"这个话题不受欢迎"。

（4）追求爱情却不痴迷

要知道，爱情不是女人生命的全部，太多的期盼只会在将来化作冲天怨气。你勇于追求爱情，不怕被拒绝的风险。但你不能是被爱情困住的鸟，因为亲情与友情也是生活中很重要的一部分，独立的爱情才是有魅力的女人必须具备的。

（5）清新自然，拒绝陈旧

你应该善于发现生活中的美，并且充分运用。常常亲近自然，美好的风景和清新的空气能抚慰你的情绪，不经意流露的童心童趣，会令人觉得你非常好相处。

（6）善待自己

在任何时候你都不应该伤害自己，情场失意、事业受阻可以短暂地失意低落，但你不会因此而堕落或放纵。要记得爱惜自己，良好的生活作息和保持运动的好习惯会让你容光焕发。

（7）有道德标准，能坚守底线

你应该乐于接受别人的意见，但你千万不能沦为人云亦云、毫无主见的人。而对于感情观，你不可意乱情迷到丧失道德的程度，"己所不欲，勿施于人"，最好别插足别人的感情，拒绝暧昧的关系，不传绯闻。

（8）敏感而不多疑，能很好地控制情绪

有魅力的女人能从细微之中敏锐地做出反应，不过却不疑神疑鬼。必要时深吸一口气，告诉自己不要惊慌失措或乱发脾气，这样对方反而会因你的体贴心生感激。你不会将私人的事及坏情绪带到公司，也不会将公司里的不快扩展至家中。

(9) 小小的叛逆

这里的叛逆不是要你做个惊世骇俗、玩世不恭的女人，而是当你拥有丰富知识和敏锐洞察力时，也要表现出你与众不同的想法与观点；即使是面对顶头上司，你也能礼貌而坚定地陈述自己的不同意见。有勇气挑战权威可表现出你的创新精神与鲜明个性，在大多数人中很容易脱颖而出。

(10) 任务中爽快利落，驾轻就熟

在现代高效率的任务环境中，如果你做起事来干净利落，即使再繁重的任务也难不倒你，你的上司必会对你的热忱感到印象深刻，下次升迁说不定第一个想到的就是你！

(11) 大方得体，具极佳的亲和力

你应该穿着适宜，不要喷一身浓烈的香水让所有人打喷嚏。要有礼貌，不会无故打断别人的谈话。即使你已经是公司里的红人，也不应该为此自傲、盛气凌人。

(12) 最后，记得保留一点神秘感

神秘感，永远是女人最迷人的魅力，你要拿捏得宜，不要在任务场合谈论太多私人话题，特别是感情故事，公司里同事需要了解的只是你的专业能力，没必要让自己的私事成为别人饭后的话题。何况在以讹传讹的公共场合，谁知道你的话已经被添油加醋了几分呢？

7. 成功男人不可忽视的人格魅力

时机历来都被成功者视为事关成败的关键要素。对男人而言，在追求成功的道路上最重要的是抓住展现自己才华的最佳时机。因为只有这一刻，你才能使大家认识到你的与众不同。人生的事业就如同舞台上的戏剧，戏剧的动作与台词，在演出时必须把握得恰到好处才行。事业也是如此，每个男人的表演如何，就看你是否能抓住表现自己的时机了。

曾经有一个衣衫褴褛的少年，到摩天大楼的工地向衣着讲究的承包商请教："我应该怎么做，长大后才能跟你一样有钱？"

承包商看了少年一眼，对他说："我给你讲一个故事。有三个工人在同一个工地工作，三个人都一样努力，只不过其中一个人始终没有穿工地发的蓝制服。最后，第一个工人现在成了工头，第二个工人已经退休，而第三个没穿工地制服的工人则成了建筑公司的老板。年轻人，你明白这个故事的意义吗？"

少年满脸困惑，听得一头雾水，于是承包商继续指着前面那些正在脚手架上工作的工人对男孩说："看到那些人了吗？他们全都是我的工人。但是，那么多的人，我根本没办法记住每一个人的名字，甚至连有些人的长相都没印象。但是，你看他们中间那个穿着红色衬衫的人，他不但比别人更卖力，而且每天最早上班，最晚下班，加上他那件红衬衫，使他在这群工人中显得特别突出。我现在就要过去找他，升他当监工。年轻人，我就是这样成功的，我除了卖力工作，表现得比其他人更好之外，我还懂得如何让别人看到我在努力。"

不要以为只有你一个人在拼命工作，其实每个人都很努力！因此，你如果想要在一群努力的人中脱颖而出，除了比别人做得更好之外，还得靠其他的技巧和方法。

《三国演义》里有这样一个故事：庞统刚投奔刘备的时候，刘备见他相貌丑陋，以为没有什么才能，便让他到耒阳县做县令。

庞统到了耒阳，终日饮酒，不理政事。刘备知道这个消息之后，便派张飞到耒阳巡察。张飞到了耒阳，发现县里的公务积压，不禁大怒，对庞统说："我哥哥看你是个人才，让你做个县令，可是你为什么把县里的事务弄得乱七八糟？"

庞统当时还是半醉半醒，听了张飞的话，微笑着说："区区一个小县，有什么需要我天天处理的事情？"

庞统说完，命令手下把积压的简牍文书全部送上大堂，开始处理公务。只见庞统耳听口判，曲直分明，那积压了一百多天的公务，不一会儿就处理完毕……

庞统把笔扔在地上，斜着眼睛问张飞："我究竟荒废了你哥哥的什么大事？"

张飞虽然是一个粗人，但是他的优点就是粗中有细，见到这种情况，大吃一惊，马上起身回到荆州向刘备禀报……

庞统就是靠不理政事这一假象引起刘备的注意，从而抓住有利时机，提高了自己的知名度，后来做了副军师中郎将。

我们知道，要获得提拔，最有说服力的就是自己的工作业绩。在当今社会，工作表现好，办事能力强，能出色完成任务的人数不胜数。但这并不表示他就可以获得提拔。所以，争取曝光的机会，成为人们关注的焦点，是获得重用的好计谋。

亚特兰大的管理专家哈维·柯尔曼工作了11年，有一半时间是从事管理方面的工作，还曾担任过美国电报电话公司、可口可乐公司的智囊以及其他公司的企业发展顾问。根据在多家大公司的所见所闻，柯尔曼把影响人们事业成功的因素作了如下划分：

在获得提拔机会的比率中，一个人的工作表现只占10%，给人的印象占30%，而在公司内抓住有利时机曝光则占了60%。

基于这个数据，他对提拔之道提出了自己的见解。柯尔曼认为，在当今这个时代，工作表现好的人太多。工作做得好也许可以获得加薪，但并不意味着能够获得提拔。提拔的关键在于有多少人知道下属的存在和下属工作的内容，以及这些了解下属的人在公司中的影响力有多大。

无独有偶，辛辛那提的管理顾问克利尔·杰美森也给出了与柯尔曼相似的意见："许多人以为只要自己努力工作，顶头上司就一定会拉自己一把，给自己出头的机会。这些人自以为真才实学就是一切，所以对提高个人知名度很不关心。但如果他们真想有所作为，我建议他们还是应该学习如何吸引众人的目光。"

因此，如果你要想获得成功，最好的办法是让自己成为引人注目的焦点。

知性的内涵和修养会给你带来特殊的一种气质，也正是这种特殊的气质形成了你的人格魅力。

男人不可忽视的10种人格魅力

乐观：乐观是男人最根本的处事态度。乐观的男人始终会处于积极、向上的生存亢奋状态，也就是潇洒。他们能够坚持从建设性的视角出发对待周围的人和事，认同通过自己的努力，哪怕再微薄的力量也会使这个世界有所改变。因此，乐观的男人总是充满着精神上的人格魅力。

大度：大度是男人最基本的待人接物法则，代表男人在气质上的人格魅力。大度意味着男人要有宽大的胸怀和容人的气量，不图虚荣，善于容忍，肯于奉献和牺牲，因此大度是体现男人雄性之美的重要因素。大度男人往往具有良好的气质和风韵，所谓宰相肚里能撑船，这一点是狭隘男人永远不可比拟的。

深沉：稳重是男人最具有神秘色彩的一种性格魅力。这种性格与张扬恣肆、专横跋扈相悖，与骄奢淫逸背道而驰，是具有健康心理的男人长期修炼的结果。因此，深沉是男人在性格修养上的人格魅力所在。

坦诚：这是男人最应该遵守的一条人际交往原则。不坦诚不仅会造成沟通的障碍，更会导致人际关系的混乱。人是否坦诚属于人性问题，心理扭曲的人一般表现为不坦诚，以尔虞我诈、坑蒙拐骗为能事，因此坦诚的人，才具有丰富的人性，男人因为坦诚而在人性上拥有无与伦比的人格魅力。

果敢：果敢作为男人重要的人性品质，在胆识上彰显着男人的人格魅力，主要体现在其决策能力和勇气两个方面。临危不惧、见义勇为是一种果敢，运用智慧及时开拓新局面和勇于承担责任也是一种果敢。果敢不等于鲁莽，果敢是高智力下的敢作敢为，也就是有胆识。果敢的反面是优柔寡断。

自信：自信是男人生存之本，是男人获得成功的力量源泉。自信让男人具有健康的心理，表现出人格魅力。男人的自信程度依赖于他的自我意识，即自知、自觉、自省等。良好的自我意识，可以避免男人盲目自信而形成的自大与张狂，从而建立自强不息的健康人格（即自信），推动男人不断奋斗和努力。自信让男人凸显出蓬勃朝气和阳刚之美，反之，没有自信的男人缺乏健康的心理，人格魅力自然不如他人。

幽默：幽默作为男人的人格魅力，在于其对人际氛围的调节能力和人际关系的控制能力。适当的幽默不但能起到调动氛围、转移人的注意力的作用，也可以展示出男人的气质、学识、机智等内在人格。因而，幽默既是男人在个人素质上的一种人格魅力，也是表现这种魅力的一种巧妙手段。

思辨：思辨离不开缜密的思维和高度的智慧，思辨的语言（即口才）不但能体现男人渊博的学识基础，也能体现其在哲学、美学、逻辑学、心理学上的修养和思维能力，还能体现其超越常人的洞察力和说服力，这正是善于思辨的男人所拥有的魅力加分项。

坚毅：即坚强而有毅力。坚毅的男人做事不会一曝十寒，也不会半途而废，属于有目标有抱负、勤勤恳恳从不轻易言败、又能做到胜不骄败不馁的一群优秀男人。这样的人无疑在人品上具有坚强的人格魅力。

节制：即克己、自律和自敛。在当今良莠并存的社会里，男人除了本身的缺点外，还会染上很多外来的陋习，不懂得节制的男人就是脱缰的野马，对家庭和社会都会造成很大伤害。因此，节制作为男人的一种美德和必修课程，对男人修身养性、形成高尚情操具有不可或缺的作用。因此，懂得节制的男人是最能战胜自我的人，大都能在个人行为控制方面显示出君子一般的人格魅力。

第二章

学会麻烦别人，也是一种修炼

❖

　　生活中无论任何事情，都必须靠人与人之间的交往与互助，人与人之间离不开互求互助、互帮互援。当人与人之间相互友爱、相互帮助依赖，生活就是天堂，反之，就是地狱。你会选择住在地狱还是天堂？

1. 放下所谓的"面子"，解决问题才是首要任务

生活对人们说："你必须求人。"

战国时期，有个名叫许行的楚国人来到滕国，他和自己的几十个门徒穿着粗麻织成的衣服，靠编草鞋、织席谋生，以能自耕自足、不求他人为乐，并据此指责滕国的国君不明事理。因为在许行看来：人不能依赖别人，不能向人求助，所以身为一个真正贤明的国君，他既要替老百姓服务，同时还要和老百姓一样自耕自食；如果自己不耕种而要别人供养，那就不能算作是贤明的国君。

一个叫陈相的人把许行的所作所为及其主张告诉了孟子。

孟子问陈相："许行一定只吃自己耕种收获的粮食吗？"

陈相回答："是的。"

孟子接着又问："那么，许行一定自己织布才穿衣吗？他戴的帽子也是自己做的吗？他煮饭的铁甑都是自己亲手浇铸的吗？他耕作用的铁器也都是自己亲手打制的吗？"

陈相回说："都不是的。这些物品都是他用米、草鞋、草席这些东西换来的。"

孟子说："既然是这样，那就是许行自己不明白事理了。"

孟子和陈相的对话，明白地指出不论衣食住行，我们都是有求于人的，即使拥有上亿财产，也不见得买得到你真正想要或需要的东西。

宋代有一位理学家叫作张九成。张九成告老还乡之后，对当时流行的

禅宗发生了极大的兴趣，甚至专程去拜访禅学大师喜禅师。

喜禅师问他："你来此地有何贵干呀？"

他学着禅师的口吻说："打死心头火，特来参喜禅。"

禅师便说："缘何起得早，妻被别人眠。"

张九成经禅师这一说，怒声骂道："无明真秃子，岂敢发此言。"

禅师微微一笑，说道："你本非我佛中人，非要来凑热闹。我刚刚一煽风，你那边马上就起火，这种修养也能参禅吗？"

张九成这才明白喜禅师刚才是在试探他。他非常后悔，可是已经来不及了。

这个故事讲的是儒家和禅宗的关系，但也可以用来说明求人成事时的面子问题。

很多人信奉"万事不求人"或"求人不如求己"的原则，认为请求别人帮助是自己无能的表现，似乎有些丢脸。这种看法是偏颇的。人与人之间的互相帮助是生存与生活的必然现象，而非"无能"或"丢脸"。因此要找人办事、学会求人，就必须要"打死心头火"。如果像张九成那样一听到对方的话不对自己胃口马上"火冒三丈"，这样是难以悟到求人成事的要义的。

要求人，脸皮薄可不行。所谓"人在矮檐下，不得不低头"。求人成事，脸皮薄、放不下清高的架子是不会成功的。

如美国著名企业家艾科卡的故事。

20世纪80年代，艾科卡由于遭人嫉妒和猜忌被老板免去了福特汽车公司总经理的职务。面对打击，他没有消沉，而是立志重新开创一片天地。为此，他拒绝了数家优秀企业的招聘而接受当时濒临破产的克莱斯勒公司的邀请，担任总裁。

到任后，他首先实施以品质、生产力、市场占有率和营运利润等因素来决定红利政策。他规定主管人员如果没有达到预期的目标就扣除25%的红利；他还规定在公司尚未走出困境之前，最高管理阶层各级人员减薪10%。

这一措施推出后，有人反对有人赞成，反对的人是公司的元老，认为这样做损害了他们的利益。艾科卡冷静地对待这一切，并且自己只拿1美元的象征性年薪，让反对他的人无话可说。

为了争取政府的贷款，艾科卡四处游说，找人求人，接受国会各小组委员的质询。有一次，由于过度劳累，导致他眩晕症发作，差点晕倒在国会大厦的走廊上。为了取得求人、办事的成功，艾科卡把这一切都忍了下来。结果，他领导着克莱斯勒公司走出困境，到1985年第一季，克莱斯勒公司获得的净利高达5亿多美元。艾科卡也从此成为美国的传奇人物。艾科卡取得巨大的成功，其秘诀就是"打死心头火"。

这里的"心头火"指的是高傲的自尊，而不是为了目标努力耕耘、勇往直前的热情。

求人时最忌讳的便是为了面子问题而发怒。发怒的结果非但不能解决问题，反而得罪了能帮助你的人。求人遭遇刁难时，不妨先按捺住自傲的火气，拿出你的热忱，让别人看见你真正的需要，让他了解你的目的。张三拒绝你，不妨找李四，李四拒绝你，再找王五，总会找到肯帮助你的人。千万别为了一时的面子，而忘了求人真正的目的是"解决问题"！

当然，我们提倡的放下面子，并不是让你弯腰驼背，低三下四，只是让你放下"不必要"的面子，大胆地跨出去。

唐代诗人白居易16岁到长安应试，向当时的名士也是著名诗人顾况求助，希望对方能推荐自己。

当时，白居易还只是一个无名小辈，地位已经很高的顾况自然瞧不起这个年轻人。一看见他姓名中的"居易"二字，顾况就嘲笑他说："长安米贵，居大不易。"

　　言下之意是非常明显的，就是我为什么要帮助你这个无名小辈呢？并且帮助你在长安成名又有什么意义呢？但当顾况接着看白居易递上去的诗作，翻阅到其中《赋得古原草送别》一首，精神不由得顿时清爽起来：

　　离离原上草，一岁一枯荣。

　　野火烧不尽，春风吹又生。

　　远芳侵古道，晴翠接荒城。

　　又送王孙去，萋萋满别情。

　　这首诗写得极有气势，把自然界的草木荣枯与人生的离合悲欢联系起来，特别是"野火烧不尽，春风吹又生"二句，表现出一种饱受摧残，而仍然不屈不挠、奋发豪迈的精神。见此，顾况不由得击节赞叹，改口称赞说："有才如此，居亦易矣！"顾况认为白居易是个值得自己帮助的青年，于是答应了白居易的求助，帮助白居易广交长安名人雅士，并在仕途上助他一臂之力。

　　白居易以不卑不亢的态度，用过人的才华为自己赢得成功的机会。求人时，不妨想想你有什么地方值得让人帮助你：向人借钱，是不是该让人知道你有多少还钱的实力；向人求工作，是不是该让他知道你的工作能力能为他带来多少利润；向人求爱，是不是该让他晓得你值得对方爱的优点？

　　求人不必总是低声下气，但也用不着狂妄自大。如果你是被求的居上风者，则完全没有必要摆出居高临下的样子，而应该表现出自己的平易近人，开朗、热情、主动，再配上微微一笑，使对方感到亲切而温暖；这样，就会给求人与被求双方创造一种友好亲切的气氛，解除那种由于你的身份、你的经济实力等加在对方头上的沉重压力。总之，身为强者的你应该放下架子，以缩短双方的距离，激发双方思想感情上的共鸣，以谦和的态度赢得对方信任并达到自己求人成事的目的。

而作为地位比对方低的求人成事者，则应该不为对方的权势所动，不为对方的身份、地位所左右，克服畏惧、紧张、羞怯、遮掩的不良心态，大胆地表明自己的来意。使自己振作起来，以一种"人对人"的不卑不亢态度来与对方会谈，尽可能地展示自己的才华，这样才能在求人成事时获得成功。

2. 根本不必紧张，该求助时就求助

日常工作中，向同事甚至老板寻求帮助，比如请他们延长一些工作的截止时间，或者询问反馈和意见，这并不会让你看起来能力不够，相反，这表明你是一个很懂得团队合作、非常具有团队精神的人。也许你自己会感觉到自己的一点点脆弱，但这也表明你其实是想把工作做得更好。

小王刚被任命为部门经理，对他来说这个新职位有许多需要学的东西。因为没有经验，当下属有问题询问时，他往往会自己花费大量时间搜寻各种资料来解答。其实他自己明白，如果他问一下同级的其他经理或是一些老员工，问题解决得会更方便和快捷，自己也不用这么忙碌。但他没有这么做，因为他担心在自己任职的初期，向同事寻求太多的帮助，会让领导认为提升他是一个错误。

你一定会认为小王的担心是正常的，因为几乎所有人都认为独立完成工作会让人觉得更有能力。但小王不寻求同事的帮助其实是种资源浪费，事实上，同事们都很希望其他人向他们寻求专业上的帮助。如果小王浪费太多时间在找资料这种琐事上，就不能腾出更多的时间来进行别的更紧急

和重要的工作。要知道，适度地向同事求助，还可以迅速和他们建立起更好的关系。

你一定要这样想：偶尔向别人寻求帮助，是一种优点和明智的选择。因为这表明你能清晰地分辨自己能掌控和不能掌控的事情，并且懂得事先进行合理安排。也许，向别人求助，会揭露一些你自己并不得意或并不高兴的事情。但承认自己的不完美并不丢人，即便你不承认也没有人觉得你是完美的，给自己增加点烟火气息没什么不好，或许会让人觉得更亲近。

你需要提醒自己，学会适时地向别人寻求帮助将大大有利于扩大自己的社会交往。事实上，当你愿意放下架子，承认自己有那么一点点脆弱时，作为回报，别人会乐意给予你帮助。

有人觉得求助会显得自己很无能，很没面子，但是成功者并不是很多时候都表现得那么能干的，相反，他们还会用"无能"来抓住人性的弱点。

鲍尔温交通公司总裁福克兰，在年轻的时候因巧妙处理了一项公司的业务而青云而上。他当时是一个机车工厂的普通职员，由于他的建议，公司买下了一块地皮，准备建造一座办公大楼。居住在这块土地上的100户居民，都得因此而迁移地方。

但是居民中有一位爱尔兰的老妇人，却首先跳出来与机车工厂作对。在她的带领下，许多人都拒绝搬走，而且这些人抱成一团，决心与机车工厂一拼到底。

福克兰对工厂领导说："如果我们建议通过法律途径来解决问题，就费时费钱。我们更不能采用其他强硬的办法，以硬对硬，驱逐他们，这样我们将会增加更多仇人，即使建成大楼，我们也将不得安宁。这件事还是交给我来处理吧！"

这一天，他来到了老妇人家门前，坐在石阶上独自地流起了眼泪。这种行为自然引起了老妇人的注意。良久，她开口发问："年轻人，有什么伤心事吗？说出来，我一定能帮助你。"福克兰趁机走上前去，他擦擦眼泪，没有直接回答她的问题，却说："您在这时无事可做，真是天大的浪费呀！我知道您有很强的领导能力，实在是应该抓紧时间干成一番大事业的。听说这里要建造新大楼，您是不是准备发挥超人才能，做一件连法官、总统都难以做成的事：劝您的邻居们，让他们找一个快乐的地方永久居住下去。这样，大家一定会记得您的好处的呀！"

从第二天开始，这个强硬顽固的爱尔兰老妇人便成了全费城最忙碌的妇人了。她到处寻觅房屋，指挥她的邻人搬走，并把一切办得稳稳妥妥。办公大楼很快便开始破土动工了。而工厂在住房搬迁过程中，不仅速度大大加快，而且所付的代价竟只有预算的一半。

福克兰装出一副可怜的样子，用哭声打动了老妇人的心，使她心甘情愿地为他办成一件大事。同样，三国时期，蜀主刘备也是精于哭道的高手。俗话也有"刘备的江山是哭出来的"一说。

软弱，无助，求助……这些并不是"没面子"，相反，还可以是办事时的"秘密武器"。尤其是女性，更没有必要为了争一口气或是证明自己的能力而让自己累得精疲力竭。太独立坚强的你会让人敬而远之，需要帮忙的时候不要不肯开口。

另外，有人在求助前总是很纠结，一怕给别人添麻烦，二怕被别人拒绝丢了面子。其实你的心理完全不必这么脆弱。你的要求是否可行，对方自己会进行判断和决定。大部分的人都非常热心，真的被拒绝了也没关系，至多自己动手来。

小雨换了新工作，要搬到另一个城市居住。这份新工作需要她投入大量时间去熟悉，可新租来的房子还没有来得及粉刷和装修，她实在抽不出时间。这时她想到了好朋友妮妮，妮妮是个自由职业者，最近恰好工作不忙。最重要的是妮妮不断地更换居住地点，对装修房子经验颇多，自己可以趁机向这个能工巧匠多学几招。

可是她一直在迟疑，始终犹豫不决：这事看起来不太合适吧？让妮妮从一个城市飞到另一个城市，花好几天时间为我的新家干活。她为此做了一星期的心理斗争，终于鼓起勇气拨通了电话："妮妮，是我，小雨，我想问问你，你最近忙吗？"

"不忙啊，你有什么事吗？说吧。"妮妮爽快地回答。

"哦，是这样，我想，你能不能、能不能过来帮我看看房子怎么装。要是你没时间就算了，真的没关系。"小雨一口气把这些说完，紧张地等待着答案。

"好啊，没问题，我正好出去散散心，就当旅游了。还有人管我食宿，多好。"妮妮愉快地回答。

听到这里，小雨心中的一块石头落了地，事情原来如此简单。

是的，事情就是这样简单，根本不必如此紧张，对于你的求助，大多数人还是很乐意帮忙的，给他们一个机会帮助你，他们也会感到开心。

最后还有一个小窍门：如果你懂一点道歉的艺术，求人也可以举一反三地来应用。你有求于对方时，一开始就说"我这可能是无理的要求"，"我有个不情之请"或"实在抱歉，我的要求可能过分了点"之类的话，此时，即使你说的话确实令对方感到厌烦，对方也不会因此当面指责。如果反复使用，反而更能加强效果，使对方轻易地听完你的要求，并接受你的要求。

3. 遇到难处时要会求人，不用"不好意思"

天有不测风云，人生在世难免会遇到这样或那样的难处，单靠自己的力量总有些迈不过去的坎。俗话说，一个好汉三个帮，一个篱笆三个桩，你就算浑身是铁，又能打几颗钉子呢？无论你是社会名流还是市井凡人，公司老板还是打工仔，资深学者还是没毕业的学生，单靠自己的努力和打拼终究是无法在社会上生存的。

赵航还在上学时，有一次在商店买完东西忘记了带钱，于是给某个同学打电话，想求他过来帮忙先把钱付了。可那个同学却借故拒绝，不愿意帮忙，结果弄得柜台前的赵航手足无措，很没面子。从那以后，他不仅跟那个同学绝交了，还暗自发誓：不管以后遇到什么情况，决不会再去求别人。

工作以后的赵航凡事都是亲力亲为，从不求助于他人。有时做公司的业务报告，因为不求人，他宁愿自己熬上几个通宵；有时出去开会忘了带文件，其实只要让在公司的同事给他发个电子邮件就能搞定，可他宁愿赶很远的路自己回来取。

有一次，赵航的母亲病了，赵航送她住进了医院。但因为医院病床紧张，不得不让老人家暂时住在临时病房。正在赵航去给母亲办理住院手续时，遇到了自己的一个小学同学，这位同学已经是这家医院的主治医师。其实赵航早就知道这件事，可他并不想去麻烦人家。当同学知道事情的原委之后，一个劲地责怪他："你为什么不早点和我说？虽然我们医院病床紧张，我可以把伯母介绍到兄弟医院去治疗，那里的治疗条件也非常好，何必要住在临时病房呢。"同学的话，让赵航也有点后悔。

那几天赵航每天都很辛苦，白天上班，晚上还要在医院陪床。因为前一天母亲做了一个大手术，赵航又是一整夜没合眼，早上走进公司时，只觉得天旋地转，而更让他感到意外的是，他的办公桌被收拾得干干净净，连一件待办的工作都没有。正在他疑惑时，一个同事惊讶地说："赵航，你怎么来上班了？你虽然没和大家说，但是我们都知道你母亲住院的事了。听说昨天又做了个大手术，你肯定又陪了个通宵，所以大家今天主动把你的工作分掉了，想让你好好休息一下。你怎么还来上班呢？"

同事的话让赵航很感动，他还没来得及说感谢，就被领导叫进了办公室。

"小赵，这可就是你的不对了。"领导很严肃地批评道，"大家既是同事，也是朋友，家里有什么困难直接说就是了，何必不好意思开口。我和其他几个经理商量过了，决定放你几天假，在医院好好照顾母亲，另外也要注意自己的身体。"

当赵航走在回家的路上时，心里既感到温暖，又有些惭愧："如果我早些找大家帮忙，是不是我根本不必如此折磨自己呢？"

在生活中，有很多人像赵航一样，即便身陷困境，也不愿开口找别人帮忙，总觉得自己屈尊去求别人帮助是一种耻辱。之所以会有这样的想法，就是因为他们的顾虑太多，总是担心自己的请求会遭到别人的拒绝，让自己没了面子下不了台。因此，为了不让自己难堪，只好选择三缄其口，不得不去做些费力不讨好的事。

古时候，周文王和刘备这样的王孙贵胄尚可屈尊访贤，而生活在当代的普通人，遇到难处请人帮忙又有什么可丢人的呢？所以，问题的关键不是我们该不该请别人帮忙，而是该如何找人帮忙，既不让自己难堪，还能让人家心甘情愿出手相助。

有这样一个故事：

一个大户人家的大小姐因故到外地逃难，因为没了口粮，不得不去乞讨。可她觉得自己身份尊贵，不能做此下贱之事，于是就让婢女独自去讨。可婢女每天费尽周折讨回来的饭，大小姐总是觉得不够吃。她觉得婢女身份低微，办事能力也不尽如人意，于是就决定和她一起去讨饭。后来，她们主仆二人来到一户人家门前，大小姐叩开了人家的房门，毫不客气地对主人说："我是隔壁村李大官人家的女儿，我家以前可算得上是家财万贯，但因遭了难沦落至此，不然也不会到你这小户人家讨口饭吃。如果你今日愿助我渡过难关，来日我必十倍偿还。"主人听了这话，直接把门关上了。

由此可见，如果我们在请求别人帮助时不讲究方式方法，不吃闭门羹恐怕也难。所以在求人帮忙时，要注意以下三个方面：

首先，是要摆正心态，不要过分担心被别人拒绝。别人帮忙是情分，不帮则是本分；帮或不帮都在情理之中，不必过分强求，也不要因为被拒绝而感到难堪或记恨在心；

其次，要放低姿态。古人云，将求于人，则先下之。礼之善物也。所以请人帮忙就要先以大礼相待，放下架子和身段，多说客气话，多表现出自己的谦恭，甚至要自贬身价来打动对方；

最后，要学会感情投资，互惠互利。找人帮忙就免不了给人家添麻烦。那么就不妨在求人帮忙之前，适度表示一下自己的诚意和感激，请人家吃个饭或是送点礼物。如果自己的条件不允许，那么事后也不要忘了人家助你这份情谊，当对方有难之时也应不遗余力倾力相助，"知恩图报"说的就是这个道理。

小说《三个火枪手》里有句名言："人人为我，我为人人。"人生在世不可能不求人，也不可能不去助人。人与人之间的相求互助，是我们克服困难走向成功的必备条件。一个人能力再强，地位再高，如果仅凭一己之力，势必会步履维艰，寸步难行。所以有求于人时不必不好意思，只要懂得如何开口，那么得到别人的帮助其实并非难事。

4. 如果被拒绝，先检讨下自己

古人云："世事洞明皆学问，人情练达即文章。"那么如何才能洞明世事，练达人情呢？最起码要掌握"察言观色"这一基本技巧。

自己的事能不能顺利办成，有时候全在这个"说话"上。需要注意的是，我们一定要看准讲话的对象，弄清对方的意图是什么，然后再结合自己的需要说出合适的话。这并不难，只要平时和别人增加了解，在你们中间营造良好的氛围，赢得对方的欢心，就能让你们的距离迅速拉近，从陌生人变成熟人，从熟人变成亲密的朋友，只要"工夫"做到位了，接下来，即使不用开口，也可以帮助你打开局面，达到预想的效果。

实际上，机会都是留给有准备的人，尤其是那些随时准备"厚着脸皮"的人的。在这方面，"矜持"或者"害羞"只会起到相反的作用。很多人都不愿意当面顺着他人说话，或者是心里想到了，表面上却做不出来，这是心理上必须跨越的一个"障碍"。当你和对方交谈时，就可以把"自己"的角色放在一边，从对方的角度来考虑，谈论对方熟悉和关心的话题，并且视具体情况灵活应变。想想看吧，只要你掌握其中的诀窍，把胆子放大些，把话说得好听些，说到别人的心坎上，如果这一炮能够"打响"，与对方融洽交谈的局面肯定就能迅速形成。有了个好的开头，就不怕没有好的结果。

汉斯是个很不成功的推销员，他的不成功，不在于他的说话技巧，而在于他的工作性质。他的任务是推销一种太阳能发电设备，这种设备价格比较昂贵，使用的人也不多，但只要卖出去一套，利润就很高。因此，虽然屡次失败，汉斯却毫不气馁，他深信他一定能发掘出使用他的设备的客户来。

有一天，汉斯要去一家看来很富有、很整洁的农舍推销。外表看上去，这家农舍是具备一定财力的，也许会成为他的客户。远远地，汉斯就听到农场里有鸡的叫声。在农场门口，汉斯又看到一捆捆的饲料正在不停地运进去。汉斯知道，这肯定是一家比较大型的养鸡场。

汉斯敲了敲门，一个白发苍苍的老太太过来开了门。汉斯说自己是来推销的，没想到老太太二话没说，直接把门关上了。第二天，汉斯又去敲门，头一天开门的那个老太太将门打开了一条小缝，见又是汉斯，又想把门关紧。汉斯赶紧声明："太太，很对不起，我是附近一家饭店的，我想向您买些鸡。"

老太太一听是来买鸡的，脸色好看了些，门也开得大多了。汉斯接着说："我们饭店为了找到品种优良的鸡，找了好多个地方。我听很多当地居民推荐，您这里的鸡是饲养得最好的，我能参观一下吗？"老太太一听汉斯说鸡的事，顿时眉开眼笑，马上把门打开了。

汉斯趁这个机会和老太太拉起了家常，得知老太太的儿子女儿都在市里工作，这个农场目前只有她一个人照管。汉斯和老太太在农场里到处转悠，汉斯不停地夸奖老太太的鸡养得好，他们变得很亲近，几乎无话不谈。汉斯故意在不经意间谈起，在某些地方，鸡种都是利用各种先进设备来自动养殖、收集粪便，等等，这样鸡生长的环境比较好，所以长得普遍都比较健康。老太太表示赞同，同时很遗憾地表示，这个地区工业比较落后，还在依靠手动来处理养鸡场的事宜，确实比较麻烦。汉斯告诉老太太，在北部地区，很多地方采用了发电设备来养鸡，有套设备可以按时为鸡调制饲料，这样的鸡个头比一般的要大三分之一，老太太认真地听着汉斯对用电设备的介绍，颇为心动。

两个星期后，汉斯所在公司收到了老太太的订单，过不多久，老太太所在地申请此设备者源源不断，光在这个地区，汉斯就超额完成了订单任务。

怎样说话是一门大学问，怎样通过说话达成自己的目标更是一门大大的学问。许多人都不明白要用心去把握良好的时机，因此造成了难以弥补的憾事。在张嘴之前细思量还是很有必要的。至少能够让我们做到心中有数，不打无准备之仗，从而给自己留下余地。从对方的言行举止当中去揣度对方的心情、性格、品位，甚至喜好，然后再适当地斟酌自己的语言，以便在迎合对方心理的同时，也获得对方的好感。只要你肯用心，善加利用，让别人自愿帮助我们也不是什么难事。

比如说，有个人特别擅长找人借钱，每次当他找上门的时候，都不是急于开口，而是先东拉西扯一些别的话题，从人家的反应中考虑现在是不是提出要求的时机，看看会不会遭到对方直接拒绝，如果对方一直不在状态，他就会等到下次有机会再开口，这样，对方一般都不会拒绝他。如果他也像大部分借钱的人那样，开门见山地开口借钱，恐怕早就被对方找各种理由给搪塞了。

所以，如果被拒绝，先不要抱怨对方，先检讨检讨自己，看看自己为了得到对方的帮助，曾经做出过什么努力，自己有没有努力地想了解对方，探究对方的真实心理，并对症下药，有的放矢；如果没有，那就怨不得别人了，因为如果你不改变，以后还是会一次次被别人拒绝的。

5. 想办法成为"自己人"

在日常交往中，每个人对于自己不熟悉的人，自然而然会产生一种排斥心理。而对自己较为熟悉的人则会另眼看待，俗称"自己人"，而且会走得近一些。所谓的"自己人"，不一定要有过硬的关系或深厚的交情，老乡、同学、同事等共处于同一团体或同一组织的人都可以归入这个圈子。正是因为大家都对"自己人"感到格外亲近和信任，面对"自己人"时，什么都好商量，对于"外人"，情况就完全不同了。所以，人际交往的关键之处，就在于从"外人"到"自己人"的转变。要想让他人喜欢自己，首先就要在某方面让他人觉得你和他是相似的，是自己人。

如果把这个观点再延伸一下，我们还能得出这样的结论，所谓的"自己人"其实不过是一种交际手段。只要你能在交谈中打动对方，让对方认为你和他是在同一阵营，他就会把你当成"自己人"，接受起来就比较快，比较容易。如果你说的话不入耳，听起来不舒服，即使你确实是"自己人"，他也会本能地加以抵制。例如，有的人喜欢电影，如果发现身边有一个也对电影感兴趣的人，双方就会在电影的问题上多聊一些，也会发现更多的兴趣共同点。

乔·吉拉德是一家著名的汽车公司的销售员，平日里口才不错，和同事们相处也很好。但是奇怪的是，好口才的乔·吉拉德的业绩却不怎么样，经常遇到推销失败的事情，这让他非常纳闷。

有一天，他的一个朋友介绍了客户来找他，想看看他们公司销售的最新款汽车。乔·吉拉德一心想做成这笔生意，就非常卖力地推销着。客户在精心地挑选自己喜欢的款式的时候，乔·吉拉德就在他身旁不停地介绍每个款式的各种功能，还不时打断客户，告诉他："您选的这款车其实性能并不怎么样，我们来看看别的吧。"之后客户又挑选自己喜欢的颜色，乔·吉拉德就竭力为他讲解各种颜色的不同效果，并认为客户选的那款车的颜色太过老气，不适合他那个年龄段。

客户对乔·吉拉德喋喋不休的讲解有些不耐烦，因为每当自己看上一款车，乔·吉拉德就一个劲地否定他的选择，他连插话的机会都没有。

有时候，客户想转换话题，谈谈别的，却都被乔·吉拉德挡回去了。见自己实在没有开口的机会，客户无奈地走了。

客户前脚刚走，乔·吉拉德就接到了那个朋友打来的电话，对方埋怨他道："你怎么搞的，我给你介绍来的那个客户是真心实意要来买车的，被你这笨小子给搅黄了。那个客户说，他选什么车，你都在否定，你是怎么做生意的啊？"

乔·吉拉德仔细回想了想自己的言行，觉得自己确实在某些方面做得太过分了。他马上打电话给那个客户道歉，请他再来看一看车，自己一定认真接待。

等客户再来时，乔·吉拉德一早就在汽车店门口迎接，对客户满面堆笑道："欢迎您再次光临，这次，咱们看些什么车呢？"

这个"咱们"叫得很亲切，客户听了很舒服。于是，在乔·吉拉德的陪伴下，客户挑选了一辆灰色的车，乔·吉拉德笑道："您真有眼光，这辆车是我们这里销售最好的一款车，我也特别喜欢。前段时候我介绍我的兄弟也买了一辆，它既可以商用，也适合全家人一起出游，他非常喜欢。"

客户笑道："是吗？看来我们眼光很一致啊，你的兄弟也是做生意的吧。因为要经常见客户，所以，就要考虑到商用和家用两种功能。"

乔·吉拉德道："是啊，我的兄弟长年累月在外面跑业务，买的车太差了肯定不行，我给他推荐的这款车，他特别满意。这样吧，我给您介绍一下几种配置，看看哪辆车更适合您使用……"

最终，乔·吉拉德顺利地做成了这笔生意。

乔·吉拉德这次得到客户的好感，有两个原因：一是他对客户说话时使用了"自己人"的语气，二是他和客户都同时喜欢这款车。乔·吉拉德得到客户好感的秘密就在于是以"自己人"的视角对待客户，因为每个人都喜欢和"自己人"合作，也喜欢听"自己人"的劝告。如果在交往中，你懂得和别人站在同一立场上去看问题，以己度人，平等对待，为对方着想，对方就会觉得你在重视他，并在支持他、认可他；那么对方才会将你当成自己人，对你产生信任感，你的意见就容易被接受。另外，说话时多用"咱们""我们"等词语，"你""你们"少说为佳。

在我们周围的交际圈里，"自己人效应"同样存在，要让你周围的朋友感觉你是"自己人"，就要放下"架子"和"面子"，真诚地对别人感兴趣，从对方的观点来考虑问题，获得对方的信任。

每个人都有自己的"身份认同"，倘若两个交往的人的身份有了变化，那么这两个人在心态上也会有所变化。若是两个打交道的人地位和背景等相差比较悬殊，那么这会影响到他们的心理。这时候，要拉近距离，就必须采用合适的方式，让对方解除戒备，特别是地位较高的一方，不能自视清高，等着人家来和你套交情，那样的话，两人之间的距离就会越来越远。交往中，我们应当尽量使用"自己人"的语气，与对方平等相处，让彼此的心理距离缩短。如果在交往中摆出居高临下的态度，让对方明显觉得你们不是一个"阶层"的人，那么对方就会退避三舍。而恰到好处的"自己人"语气，明显可以解除对方的心理防备。

徐磊毕业于国内一所著名高校，又在国外一所大学拿到了硕士文凭。他学的是煤矿专业，于是，他一心想去国内的著名煤矿公司。幸运的是，他如愿以偿地被录用了。他原本想，凭借自己的学历，做好工作不成问题。没想到，进入到实际工作时，他却遇上了麻烦。

煤矿公司的员工里，高学历的人才很少，公司的很多技师并不重视他，甚至有点看不起他，认为他的脑子里只有一大堆没有用的理论，只是个文绉绉的工程师而已。

这天，徐磊远远地看到技师们围在一起玩"斗地主"，于是他也想凑上去和大家一起玩，顺便拉近一下距离。没想到大家一看到他过来，马上就把牌局收了，嘴里还说道："这是我们闲了没事干的人才玩的东西，可不能让大硕士沾染上这些不正之风。"

聪明的徐磊听了不但没有生气，反而故作神秘，悄悄地对技师说：

"其实，你们都不知道我有个秘密。"技师们一听，马上都看着他，徐磊笑嘻嘻地说："其实，我上了三年硕士，并没有学到什么东西；反而是斗地主，倒学成了一等一的高手呢。"

技师们一听，哈哈大笑，马上有人主动邀请徐磊加入，和他们一起玩。这样，一来二去，徐磊很快和大家混熟了，他的工作也进展得很顺利了。

技师们对徐磊的抵制，是由于徐磊的高学历让他们感到有压力，所以敬而远之。这时候，徐磊是比较被动的。面对技师们的嘲笑，徐磊几句亲密的话，瞬间就拉近他和技师们的距离，让技师们知道他不过是个普通人而已。这增加了他们之间的默契，徐磊自然就被当成"自己人"了。

在社交中，人与人之间总会存在因身份或地位的差异而产生的壁垒，面对这种情况时，一定要摆正自己的位置，放平心态，不管你的身份有多高贵，对待别人都要一视同仁，平等对待，这样才能为对方着想，对方也会将你当成"自己人"。在这种情况下，你只需简单地说几句贴心话，就可以抓住对方的心，使对方产生"我们是一类人"的感觉。于是，原本心理防御的堡垒也会轰然倒下，不知不觉中你就被接受了。

6. "厚着脸皮"有时很管用

生活中，很多人都希望"万事不求人"，但是每个人的能力都是有限的，求人也就在所难免了。那么，为什么大家都怕求人呢？俗话说"求人矮三分"，不管和对方关系如何亲近，只要你张口求人，那就是比别人矮了一截，因为你有求于他。你们之间至少在短时间内，地位上是不可能完全平等的。因此，人们一般不到万不得已是不愿求人的，"上山擒虎易，开口求人难"，说的就是这个道理。

要想顺利地得到别人的帮助，这"求"的过程是必不可少的。也许你在家里是一家之长，在公司，手下还有几个"小兵"，没事你也爱摆摆"架子"，耍耍威风。可是，这个"架子"也只能窝在屋里摆摆，因为你总会有沦落到"求人"的时候，到时候若是还抱着原有的"面子"观念不放，高高在上、弯不下腰、转不了身、不分场合、乱摆"架子"，这只会让对方看笑话，反而误了你的事。

也许有人会说，我不放下身份求人，照样能让别人为我办事；道理是这个道理，但我们不应该看到眼前的利益，而要看到长远，难道你还能一辈子"不求人"吗？这一次人家轻易答应你，第二次呢、第三次呢？所以，求人是早晚的事。在求人的过程中，首先就必须克服自身"爱面子"的固有心理，放下你的矜持、面子等等，"厚着"脸皮，力求对方能给你必要的帮助。在"求人"的时候，首先应该搞清双方的身份，把自己放在"求"的地位上，再根据这种差别考虑用什么合适的方法、手段来打动对方。这时候，你的举动，说的话，甚至脸上的表情，都要与自己这时"求人"的身份相吻合。举一个不是很恰当的例子：狼是非常机灵的动物，虽然它的运动能力和跳跃能力都要大大超过它的猎物，但是它在捕食时，会夹着尾巴，俯下身来，紧盯着目标的一举一动，寻找最佳时机。

小杨刚从大学毕业，因就业形势不佳，想先随便找个工作干着，"骑驴找马"总比在家里吃闲饭强。正好他有个表哥在一所高校的人事部门工作，小杨就想通过这位表哥，先在学校谋个临时工的差事。学校的临时工虽然是编外人员，但工作轻闲，还有寒暑假，也算个不错的选择了。

小杨平时和表哥关系非常不错，在他看来，只要自己一开口，表哥是肯定会帮自己这个忙的。于是，他径直来到了表哥的办公室。当时办公室里还有几个工作人员，小杨自认为和表哥关系熟稔，也没管那么多，直截了当地跟表哥提出自己的想法，然后笑眯眯地看着表哥，等待他的同意。没想到，表哥一口拒绝了，对小杨说："现在学校的经费紧张，已经大大超编了……"总之，说了一堆拒绝的理由。小杨乘兴而来，却败兴而归。

回去之后，小杨跟爸爸抱怨了一通，说表哥多么不通情理。没想到杨爸爸并没有站在小杨一边还把他批评了一顿："你怎么那么傻！也不看看场合，哪有你这么求人办事的？还当着别的工作人员的面，你这不是让你表哥为难吗？这样吧，你再跟你表哥联系联系。"

小杨不好意思地说"表哥都已经拒绝了，我再找他，脸皮也太厚了吧。"

爸爸道："你啊，还是没走进社会，脸皮太薄，求人本来就是个脸皮上的事，都像你这么爱面子，谁也办不成事了。你明天在饭店订一桌，请你表哥吃饭，再跟他谈谈这事。记住，态度要好一点，别整得像是别人求你一样。"

第二天，小杨请表哥出来吃饭。在饭桌上，他一直给表哥敬酒，喝得差不多了，就把自己的实际想法告诉了表哥，请表哥无论如何要帮自己这个忙。表哥笑着说："昨天不是我不帮你，是你说的场合不对，那么多外人在那里，我要是答应你了，不就让别人觉得我这太好走后门了。我们学校的图书馆里正缺临时工，你准备准备材料，来应聘吧！"

为什么同样的一个请求，由相同的人说出来，却是前后两种截然不同的效果？其实，就在于这个"态度"上。有的人没有"眼力见儿"，不愿意放下架子，不懂得根据对方的身份和自己的处境适当地组织语言，所以，无形中只会惹怒对方。要想让对方爽快地答应帮忙，就要厚着脸皮，把自己摆在"求"的位置上，懂得察言观色。正如李宗吾先生所说："起初的脸皮，好像一张纸，由分而寸，由尺而丈，就厚如城墙了。"如此一来，对方一定会觉得自己受到了重视，从而对你产生好感，原本想拒绝你的，也不好意思拒绝了。很多时候，我们求人办事遭拒绝，不是败在别的地方，正是败在我们的大大咧咧、没有"眼力见儿"上。办事能力是社会能力的一个重要方面，能不能办成自己要办的事，就看我们的社交才能如何。很多人对自己的身份很珍视，他们是这样想的：因为我是这种人，所以我做那种事很丢人。而优越感越强的人，自我限制也越厉害，但是，越是这样爱惜"面子"，越是会把路走窄，从而最终让自己无路可走。

在这个世界上，"厚着脸皮"有时候并不是贬义词，反而是一种难得的品质。往往就是这样的人，容易得到别人的帮助，因为他们懂得自己的需要，总能够放下自己的身段，在说话做事之前观察对方的脸色，检查自己的举止，从对方的言行当中去揣度对方的心情、性格、品位，甚至喜好，然后再适当地斟酌自己的语言，努力做到符合对方的喜好。如果一个人求人的时候顾及面子，想这想那，那么，别说是那些压根就不愿意帮助我们的人了，就是那些愿意给我们提供帮助的人，恐怕也会因为我们的畏畏缩缩而拒绝我们。

7. 遵守"投之以挑，报之以李"的交际原则

身处现代社会，我们在进行人际交往的时候，要懂得互惠互利的原则。有来有往，投桃报李，才是人之常情常理。你为别人办事，他欠你一份人情，日后你有求于他，他才会更主动地帮助你。天下没有免费的午餐，如果只求回报，不讲付出，那么你在生活圈子里肯定不会有好人缘。

说到底，人际交往在本质上是一个能力和资源交换的过程，也就是以事换事的过程。由于受传统观念的影响，人们不愿意将人际交往和交换联系起来，认为一谈交换，就很庸俗，或者亵渎了人与人之间的真挚的感情。这种想法显然是迂腐的。

因为我们在人际交往中，总是在交换着某些东西，或者是物质上的，或者是感情上的，或者是其他的。

所谓交换条件，可以是物质上的，也可以是精神上的，你的某种能力对方认为很需要，那你的某种能力就是交换条件。在人际交往中，让对方知道你有能力为他办事，他能从你这里得到好处，或者知道你有"利用价值"，或者你已替对方办了什么事，这时只要你开口，你所求之事就会大功告成。

你给别人以帮助，别人才会给你以帮助。现代社会主要建立在交换关系之上，有来才有往，你帮人家办事，他欠你一个情，日后你有事求他，他才会反过来帮你办事。天下没有免费的午餐，如果你不给别人办事，那就不要指望别人为你办事。

在生活中不乏这样的现象：我们在求别人办事时，对方并不情愿为我们白忙，他希望我们也能帮他做些事情，有的甚至希望在他为我们办事之前，我们得先为他办成。如果了解对方的这种心理，主动满足他的欲望，他就会很痛快地帮助我们。

在世俗的社会里，人们都讲究以事换事，某些事该不该为你办，首要的是看你能不能帮他办事或者有帮他办事的潜力，到时能为他所用。关系有时候就是一笔人情债。尽管人情债无法精明地计算，但是你也要心中有数。

有时对方没有什么需要帮忙的事情，此时你就要让对方精神上得到满足。如果你与对方关系很密切，求他帮忙时，他不会提出条件来，那你也要多为对方考虑，尽量多为对方解决一些困难。不论关系多密切，你总求人家办事，而没有回报，时间久了就行不通了。

如果你求别人帮忙的是一件可以达成双赢的事，那对方肯定也希望从中得到一些利益。如果你一个人独吞所得，对方却什么也得不到，对方就会在心理上失衡，两人关系就会失衡甚至决裂。

在人际交往的过程当中，在享受好处的时候，如果你总想着分给伙伴一些，这样伙伴自然觉得你够义气，什么事都愿意帮助你。

第 三 章

舍得吃亏：一忍化百危，三思而后行

◈

　　过于计较，得失心太重，反而会舍本逐末。人际交往有时要舍得吃亏，才能培养"忍辱负重，能屈能伸"的性格，才能有"厚积薄发"的资本。

1. 好汉能吃眼前亏

中国有句古话：好汉不吃眼前亏。因为好汉是豪情万丈、果断勇敢、临危不惧的代名词，无论遇到多大的难题，好汉都不会低头屈就，认败服输。好汉当然是要果断勇敢、敢作敢为的，但却不是逞匹夫之勇、一时之豪气，不计后果。

做一个不吃眼前亏的好汉其实很容易，只要在大事当前，敢于血脉贲张、声色俱厉地面对一个强于自己几倍的对手。但是做一个吃眼前亏的好汉则有些困难，你需要压制怒气，强颜欢笑，逆来顺受。前一种好汉人们夸的是他的勇，但是后一种好汉人们夸的则是他的智。逞匹夫之勇不难，具忍耐之智不易。

汉朝的开国名将韩信是"好汉能吃眼前亏"的代表，如果他当时不受胯下之辱的话，恐怕不止要挨顿打，面对那些恶少们的有意刁难，即使不死也会丢掉半条命，哪还有日后的叱咤风云？

另一个重要的"吃得眼前亏"的好汉就非"过五关，斩六将"的关羽莫数了。《三国志》里的《关羽传》说："建安五年（公元200年），曹公东征，先主（刘备）奔袁绍。曹公禽（关）羽以归，拜为偏将军，礼之甚厚。"但是此时的关羽虽然感念曹操的知遇之恩，却难忘刘备的手足之情。之所以投降，实在是不得已而为之。

有人说关羽投降曹操是他一生最大的污点，实则不然，倘若贪恋曹营的富贵荣华，将兄弟间的情义弃之而不顾，那就不会有"过五关，斩六将"的故事流传下来了。关羽一生重情守义，岂能为一己之私而换来千古骂名。因此，关羽的投降，不但不是污点，反而成了他更重的资本。因此，在《三国演义》中，罗贯中不惜笔墨，渲染了这位英雄不惜牺牲自己的名誉，也要保护两位嫂子的事迹。可谓能屈能伸，方显英雄本色。

康熙皇帝是一代名君，他运筹帷幄，力挽狂澜。然而在其实力微弱之时，万不得已亦曾选择"吃哑巴亏"。有人问道："君王也有屈服的时候吗？"康熙回答说："君王因道义而伸张自己的意志，也因道义而屈从自己的意志。"

康熙于公元1662年登基时，年仅8岁。别看他如此年幼，却不乏雄才大志。最初，太皇太后考问康熙，当皇帝后想干什么？康熙回答说："没有别的愿望，只愿天下大治，百姓乐业，共享太平之福而已。"这是何等的胸襟和抱负！

由于康熙登基年龄尚幼，暂由顾命大臣鳌拜主持国政。在大清王朝的历史上，鳌拜是一个令人难忘的名字。他从功臣到权臣，最后权倾朝野，不可一世。自命不凡的鳌拜根本不把玄烨这个小皇帝放在眼里。王祚、巡抚王登联，户部尚书苏纳海都成了鳌拜的刀下鬼。因此，鳌拜引起了朝中众大臣的愤慨，但慑于他的淫威，大家都是敢怒而不敢言。

鳌拜不满足于一人之下、万人之上的地位，此时的他已经不是那个忠诚的功臣，而是野心勃勃的罪臣。他有一个路人皆知的秘密想法，那就是君临天下。为了达到篡位的目的，鳌拜私设一计，假装身体有恙不能上朝，要玄烨亲自去看望他。玄烨果然前往其府第探疾。进入鳌拜的卧室后，御前侍卫发觉鳌拜神色有异，急忙冲到鳌拜的榻前，揭开席子，里面有明晃晃的利刀一把。玄烨是何等聪明智变之人，只见他不动声色地笑了笑说："刀不离身，是满人的习惯，这不值得大惊小怪。"说毕，马上返驾回宫。连老谋深算的鳌拜也被玄烨的沉稳震慑住了。

没有此时的"忍辱"，也就没有彼时的"锄奸"。身负重大使命，即便蒙受多大屈辱也能忍受，此谓忍辱负重。忍辱负重，忍辱是手段，是表象，完成使命才是动机，是目的。忍辱负重是一切仁人志士、英雄豪杰的重要气节之一，但它却是一般人难以做到的。

君子见辱而不怒，对此，苏轼在《留侯论》中作了十分精彩的论述："古之豪杰之士，必有过人之节，人情有所不容者。匹夫见辱，拔剑而起，挺身而斗，此不足为勇也。天下有大勇者，卒然临之而不惊，无故加之而不怒。此其所挟持者甚大，而其志甚远也。"苏轼在这里将"豪杰"与"匹夫"在"见辱"之时两种不同的态度和表现做了鲜明的对比，指出真正的大勇是见辱能忍，不惊不怒。而见辱便起、便斗的匹夫并非真正的勇者。二者的反差是很大的。能忍辱负重者为真豪杰，不能忍辱负重者非豪杰之辈。苏轼的话实在是精辟而透彻。

每个人的每一天都面临着"亏"，有名分上的，有利益上的，但是能吃眼前亏的"好汉"却不多了。大多数人认为现代社会，情况瞬息万变，没有竞争能力，没有"好勇斗狠"的强势，必然为情势左右，成为别人的垫脚石。

的确如此，如今社会竞争的复杂性远远超过以往，对手往往以各式各样的攻心术、激将法，逼我方"妄动"。但是此时的"能吃眼前亏"却比任何时候都更重要，一个不能"隐忍"的人，又如何能承担大任？

因此，面临屈辱，尤其要"沉得住气"，要善于用理智战胜感情，善于驾驭自己的性格和控制自己的情绪；只有自己稳住"方寸"，才能找到理智地解决问题的方法，才能够少暴露自己的弱点，同时发现对手的破绽。生活中，经常会有"受辱"的情况。"受辱"而震怒，虽不失阳刚之气，然而非智者之所为。清代林则徐就以"制怒"为座右铭，时时提醒自己，以便在被"激"、被"气"时能保持冷静的头脑和稳定的情绪，受辱而不惊乃是智者之举。

2. 危机当前，"忍"字当头

忍耐并不是逆来顺受，更不是消极颓废，而是把难熬的寂寞和艰苦强压在心底，不让它影响自身的理智。

这是一次愉快的旅行，可是这种愉快的心情，在这位乘客踏上这次航班后就消失了。在飞机起飞前，他请一位空姐给他倒杯水吃药。空姐礼貌地说："对不起，请稍等，待飞机进入平稳飞行后，我立即将水送过来。"

他没有异议，耐心等待。一刻钟后，飞机早就进入平稳飞行状态，但是由于太忙，这位空姐忘记了给那位乘客倒水了！他在漫长的等待中失去了耐性，一丝不快浮上心头，可是随着时间的推移，他还是没有等到这杯水，他发怒了，他不耐烦地按响服务铃，提醒空姐送水来。

空姐这才意识到自己的失误。她小心翼翼地把水送到乘客前面，满脸微笑地说："先生，真对不起，由于我的疏忽，耽搁了您吃药的时间，我向您表示歉意。"他毫不领情，满脸怒气地指着手表说道："你怎么搞的，过了多久了，有你这样服务的吗？"接下来，他开始不耐烦地抱怨和指责，空姐只好耐心解释。但是，无论空姐如何解释，他都不肯原谅她的失误，依然出言不逊。

接下来的过程中，空姐虽然心里感到委屈，但为了补偿自己的过失，每次给乘客服务时，她都会特意询问他是否需要水，或者别的帮助。不过，他依然置之不理，摆出余怒未消的样子。

到达目的地后，他要求空姐将留言本送过去。空姐的心一沉，显然他要投诉自己。这名空姐虽然非常难过，但仍然满脸微笑地说："先生，在分别前，请允许我再次对你表示真诚的歉意，无论如何，我将高兴地接受您的批评。"他没有开口，接过留言本写起来。

等到所有乘客离开，空姐以为这下完了，她打开留言本，却发现那位乘客写的是一段热情洋溢的表扬信，在信尾，他说："小姐，在整个旅途中，你表现出了真诚歉意，特别是你的第12次微笑，深深震撼了我，让我将投诉信最终改为表扬信！如果有机会，我一定会再次乘坐你所在的航班！"

多次微笑软化了一颗愤怒的心，一次"忍辱"化解了一场潜在的危机。"忍"字是化解危机的手段。韩非子说：人如果怕招灾惹祸的话，心里就会怀有畏惧之心，心里有这种畏惧之心，在做事的时候，就会小心谨慎，能够隐忍，同时也不断修正自己的品格。

《菜根谭》中说："语云：登山耐侧路，踏雪耐危桥，一耐字极有意味。如倾险之人情，坎坷之世道，若不得一耐字撑过去，几何不堕入榛莽坑堑哉？"不仅登山踏雪需要这个"耐"字，当我们接触危险的社会时，如不坚持这个"耐"字，就容易遭到丧身之险。

因此，职场上，你要能容忍上司急躁的情绪；公共场所，你要忍受不顺心的事。素不相识的人冒犯你肯定是别有原因的，不知哪一种烦心事使他这一天情绪恶劣，行为失控，正巧让你赶上了，只要不是侮辱了你的人格，我们就应宽大为怀，不以为意；或以柔克刚，晓之以理，动之以情。总之，不能与这位与你原本无仇无怨的人瞪着眼睛较劲。假如较起真来，大动肝火，刀对刀、枪对枪地动起手来，酿出什么后果，那就划不来了。跟萍水相逢的陌路人较真，实在不是聪明人做的事。假如对方本来就很顽劣，一较真就等于把自己降低到对方的水平，很丢面子。另外，对方的冒犯从某种程度上是发泄和转嫁痛苦，虽说我们没有分摊他痛苦的义务，但客观上确实帮助了他，无形之中做了件善事。这样一想，也就宽容他了。

随着这种品格与行为的成熟，人的思想也会随之而成熟，这样就会品行端正，就会远离祸患，就能减少祸患的发生；没有祸患的发生，就可以安居乐业，以尽天年。安居乐业，以尽天年，身心就会康泰而长寿，自然就会富有而高贵。康泰而长寿，富有而高贵，这就是"福"的意思。

能在平素生活之中，时时感到被一种喜悦之心所充溢，则无疑是一种由修炼而来的福分。《菜根谭》中还有一语曰："祸不可避，去杀机以为远祸之方而已。"当所谓的灾祸袭来之际，人也是无法躲避开的，唯一的方法，就是在灾祸还没有到来之前，时时注意如何避免种下灾祸的种子。其中最为关键的，就是能在平时忍辱，让他人的怨恨之情逐渐消失，自然就会离灾祸较远了。

但是如果相反，是利益就先行一步，是祸患就先退一步，而且在背后还经常讲人家的闲话，也许福得不到，而祸已先至了。

人应该学会在忍耐中思考，更深刻地领悟人生，在忍耐中坚持对事业的执着，这样的忍耐才让人觉得更有意义。

忍是一种明退暗进的智慧，更是一种转化危机的手段。危机当前，以"忍"来处理，虽然要受一时之屈，但却可以躲避一次危机。这种"忍"不仅是涵养，也是为人处事的心法。

3. 不怕吃亏，培养器量

吃亏其实也包含了豁达和宽容，而且还要加上理智和自我克制。面对吃亏的豁达，是一种以个人能力为基础的自信，但这种自信并非人人都有。佛经云："心包太虚，量周沙界。"你能把浩渺宇宙都包容在心中，那么你的器量自然就能如同虚空一样广大。另有一首打油诗说："占便宜处失便宜，吃得亏时天自知；但把此心存正直，不愁一世被人欺。"

凡是宽容之人，都不怕吃亏，不会斤斤计较于一些无足轻重的小事。

吃亏是福道出的是一种豁达洒脱的处世态度，敢于吃亏也是一种做人的方法，是宽容性格的一种体现。做人的可贵之处是乐于退让，自己主动吃点亏，往往能把棘手的事情做好，能把很难处理的问题顺利解决。

能吃亏的人必然有一种博大而深邃的胸怀，是获得别人尊重的标准之一。历史上，很多不怕吃亏的人因为器量宽宏而流芳后世。王旦就是这样的一个人。

王旦和寇准是同时代人，又都是重臣，而两个人的性格迥异，一个刚直不阿，一个虚怀若谷。两个人同朝为臣，谁会比较亏一些呢？

寇准和王旦，几乎是同时期选拔上来的。寇准的地位原在王旦之上，宋太宗晚年时就任命其为参知政事（副宰相），只因寇准经常犯颜直谏，在同僚之间也是直言不讳，所以得罪了很多人，用现在的话说就是：寇准的人脉网几乎是一团乱麻。人事关系不太好，自然屡被贬斥，几上几下。

真宗赵恒登上帝位后，毕士安为相，赵恒问毕士安："谁可与你同时入相？"毕士安推荐寇准，说寇准"兼资忠义，能断大事，臣所不如"。开始赵恒不太同意，说："闻准好刚使气奈何？"毕士安说："准忘身殉国，秉道疾邪，故不为流俗所喜，今北方未服，若准者，正宜用也。"为了考察寇准，赵恒先委任寇准为三司使，是个管财经的职务，赵恒的目的在于"先置宿德以镇之"。继而委以中枢大任，掌管军事。后来契丹大举南犯，寇准力主赵恒亲征，以鼓舞士气，结果打了胜仗，并在他的努力下，与契丹作"澶渊之盟"，两国讲和，保证了北部边界约100年的和平生活，这对中国北方发展经济是有利的。但朝中佞臣如王钦若等，却常说寇准的坏话，说"澶渊之盟"是"城下之盟"，诬寇准要皇帝亲征，是"孤注一掷"。赵恒本来想重用寇准，听了王钦若等人的挑拨，改派寇准领兵北方，出镇天雄军，时称寇准为"北门锁钥"。就是在这个背景下，王旦认识了寇准。

王旦用人的标准，不是"唯才是举"，而是"才德兼备"；不是以个人恩怨为标准，而是以能否胜任为标准。包括反对过他的人，他也不计前怨。而其中最典型的，恰恰是对寇准的任用。

寇准调到中央枢密院任职，王旦则升任"工部尚书，同平章事"，主持中书省，分管政务，二人实为同僚。寇准"数短旦"，而王旦却"专称准"。赵恒觉得奇怪，问王旦："你虽然经常表扬寇准，而寇准却多次讲你的坏话，是怎么回事？"王旦对此毫不在意，反而说："这是情理中的事情，我当宰相时间很长了，工作中失误一定很多，寇准对陛下如实反映意见，更可体现他的忠直，所以我更加敬重他。"从此，赵恒稍稍改变了对寇准的看法，也更加尊重王旦。

王旦做人非常大度，中书省（王旦主持）送交枢密院（寇准主持）的文件违反了规格，寇准马上将此事向赵恒汇报，王旦因此受到责备，具体承办这项工作的人则受了处分。事隔不到1个月，枢密院有文件送中书省，也违反了规格。办事人员很高兴地把这份文件呈送王旦，王旦却不去告发寇准，而是将文件退还给枢密院，请他们主动改正。对这件事，寇准十分惭愧，再次见到王旦后，就称赞王旦度量大，王旦只是默然不语。后来，寇准升任武胜军节度使同中书门下平章事，寇准感谢皇帝道："不是陛下了解我，如何能得到如此重用。"皇帝对他说："这是王旦推荐你的啊！"寇准更加愧疚，内心敬服王旦。

寇准的性格直率，他看不惯的人决不姑息，因此经常和三司使林特争辩。林特为人奸险，善于迎合，正受到赵恒恩宠，所以又引起赵恒对寇准的不满。于是，赵恒对王旦说："寇准不断和我闹别扭，原以为他随着年事的增长会有所收敛，现在反较先前变本加厉。"王旦为寇准解释，说："寇准总想要人尊重他、怕他，这些作为大臣都是应当避免的，这是他的短处，不是陛下宽大仁厚，他岂能得到保全呢？"这话使赵恒的气消了不少。寇准也因此没有受到处罚。

王旦经常生病，一次，病情十分危急，赵恒于是问谁可代替他的职务。王旦请皇上选择，赵恒先提名张咏，王旦不点头，又提名马亮，王旦也不点头。皇上说："那么，你看哪一个可以？"王旦勉强地站起来手捧笏板慎重地说："以臣之愚，莫如寇准。"皇帝不高兴，停了一会，说道："准性刚褊，愿思其次。"王旦说："其他的人我就不知道了。"

　　这就是王旦，一个不善于计较、甘愿吃亏的人。他的这种吃亏绝不是一种唯唯诺诺、低声下气，软弱和怯懦，而是一种胸怀、一种品质、一种风度。正因为他的乐于吃亏，他获得了寇准的钦敬，获得了赵恒的尊重。

　　寇准虽然正直，但是却过于霸气，与人交往自然以自己的心愿为准，经常受人指摘也就在所难免。而王旦恰恰与他相反，他隐忍、大度，不在乎吃亏，他在当时的朝中以及后世更受到人们的推崇。做人不怕吃亏，凡事不斤斤计较，可以荡涤我们的名利思想，对于平和浮躁心态大有裨益，从而使我们更易于取得成功。

　　老子说："天长地久。天地所以能长且久者，以其不自生，故能长生。是以圣人后其身而身先，外其身而身存。非以其无私邪？故能成其私。"天地之所以能够长久，就是因为天地不为自己而活着，也正是因为不为自己生存，它反而能得以长生。假如人能像天地那样不把自己的利益放在前头，就会赢得大家的尊敬和信任；要是总把别人的冷暖放在心头，就会被大家拥戴为首领；要是从来不打自己的小算盘，也许更易于成就一番自己的大事业。

　　吃亏并非带来的都是损失，更多的体现了一种成全他人的品德，而且从中会得到长远的回报。"吃亏是福"也不是简单的阿Q精神，而是福祸相依的生活辩证法，是一种深刻的人生哲学。相信"吃亏是福"，可以使心胸变得宽阔，心态更加乐观、积极，而且当自己遇到困难时，也能得到更多人的真心帮助。

4. 愚者赚今天，智者赚明天

美国商界有句名言，"愚者赚今天，智者赚明天"。这不但包含了"把80%的时间用在考虑企业的明天，20%的时间用来处理今天的日常事务"的含义，同时，还包含了"把80%的利润放在明天去赚，今天只赚20%"。

为了很好地理解最后一层的含义，我们先来看一个小故事。

哈里逊小的时候人们都把他看作傻瓜，常喜欢捉弄他。他们经常把一枚5分硬币和一枚1角硬币扔在他面前，让他任意捡一个，哈里逊总是捡那个5分的，于是大家都嘲笑他。有一天一位好心人问他："难道你不知道1角要比5分值钱吗？"哈里逊说道："当然知道。不过，如果我捡了那个1角的，恐怕他们就再没兴趣扔钱给我捡了。"

哈里逊的思维模式就是赚明天，而非今天。在当今市场经济日趋激烈的情况下，假如一门心思只想到掏客人的口袋而不为其提供优质的服务，此条赚钱之路恐怕是难以走到底的。因此，必先学会少赚，尽量满足别人。在满足别人的过程中，既要果断决策又要准确预测市场，只有这样，明天的市场才有你立足的地方。

商人的眼光决定着商人的未来。同样是商人，眼光不同，境界不同，结果也不同。着眼于明天，不失时机地开掘或改进产品或服务，满足与创造消费者新的需求，企业就会独占鳌头，形成"风景这边独好"的佳境。

19世纪80年代，约翰·洛克菲勒以他独有的能力和手段控制了美国的石油资源，获得这一成就离不开洛克菲勒"赚明天"的思维方式，当然这需要极强的预见能力和冒险精神。

1895年，美国出现第一口油井时，洛克菲勒还只是一名青年商人，他从当时的石油热潮中看到了这项风险事业的前景有利可图。于是，他决定要以今天的利益换取明天。

这一思想主要表现在与合伙人争购安德鲁斯·克拉克公司的股权中，当时，洛克菲勒表现出非凡的冒险精神：拍卖从500美元开始，洛克菲勒每次都比对手出价高，当标价高达5万美元时，双方都知道，标价已经大大超出石油公司的实际价值，但洛克菲勒满怀信心，决意要买下这家公司。当对方最后出价7.2万美元时，洛克菲勒毫不迟疑地出价7.25万美元，最终战胜了对手，以远远高于实际价值的价钱来购买石油公司的股份。这必然产生大面积的亏损，而他的对手不敢吃这样的亏，这样，就便宜了洛克菲勒，最终也成就了洛克菲勒。

总结洛克菲勒成功的经验，几乎处处充满了"赚取明天"的睿智，当他所经营的标准石油公司在激烈的市场中控制了美国出售全部炼制石油的90%时，他又看到了另一个利润来源。

19世纪80年代，利马发现一个大油田，因为含碳量高，人们称之为"酸油"。当时没有人能找到一种有效的办法来提炼它，因此只卖15美分一桶。洛克菲勒预见到这种石油总有一天能找到提炼的方法，坚信它的潜在价值是巨大的，所以执意要买下这个油田。

这可是吃亏的大举动，他的这个建议一经提出就遭到董事会多数人的反对，但是洛克菲勒仍然坚持，他说："我认为这件事情不会造成亏损，我将冒个人风险，自己拿出钱去关心这一产品，如果必要，我会拿出200万甚至300万美元。"最终，洛克菲勒的决心迫使董事们同意了他的决策。

洛克菲勒又一次"赚取了明天"。不到两年时间，洛克菲勒就找到了炼制这种酸油的方法，油价由15美分一桶涨到1美元一桶，标准石油公司在那里建造了全世界最大的煤油厂，盈利猛增到几亿美元。

俗话说，商场如战场，这真是一个极为贴切的比喻。没有"赚取明天"的智慧与勇气，必然赢在今天、败在明天。洛克菲勒几乎是孤军奋战，越战越强，终于建立了自己的商业帝国，成为叱咤风云的英雄。有人说，这是因为洛克菲勒独具慧眼而且拥有超人胆识，的确如此，可是，能吃亏、会吃亏也贯穿于其经商生涯的始终，几乎每一次盈利，都是以先亏损作为开端的。

每个商人都希望自己能够成功，并一步步打开成功的局面，由弱而强，由小而大，成为真正的财富巨人。然而世上没有万无一失的成功之路，动态的市场总带有很大的随机性，各种组合要素往往变幻莫测。今天有了财富和荣耀并不意味着明天就能高枕无忧。因此，"赚取明天"的智慧就显得更加重要。

这里面的学问不是一句话两句话就能概括出来的，但是有一个必要条件，却是毋庸置疑的，那就是对待金钱的态度，一定要懂得"舍"。舍得，"舍""得"，能舍才能得。有钱的人应该学会慷慨，学会放弃，他必然会因此而得到更多的好处。

作为一名生意人，要想赚取明天，一些必要的经验和素质是必不可少的。市场瞬息万变，有很多知识、技能，昨天还很管用，转眼就显得很陈旧了。所以，要借鉴新经验，与时俱进；更重要的是，能舍得今天的小利，换取明天的大利，这种大智慧也是商人一辈子要做的功课。

目光短浅，必然只能赚取今天；相反，高瞻远瞩，则可以赚取明天。

5. 别让不合理的欲望害了你

不合理的欲望就是一把心锁。因为贪欲、嫉恨，这把心锁紧紧地束缚着自由追求幸福的心。只有斩断了这些心锁，才能真正享受自由幸福的生活。

传说中，有一种王鱼生活在布拉特岛的水域中。这种王鱼很贪婪，它有一种独特的本领，能吸引一些较小的动物贴附在自己的身上，然后慢慢地将其吸收，使之成为自己身上的一种"鳞片"。其实那不是鳞，只是一种附属物。当王鱼有了这种附属物后，便会比没有"鳞"的王鱼大出至少4倍。

有了附属物，就有了"王者之尊"。王鱼真如做了王一般，在水里悠然自得。可惜，这种日子并不能维持很久。到后半生，由于身体机能的退化，这种附属物会慢慢脱离王鱼的身体，使它重新回到那个较小的外形。被剥夺了"鳞"的王鱼，是非常痛苦和难堪的。它无法再适应这个世界，游动得也很不自然；最后它会选择自残，往岩石上猛撞，然后挣扎数日，痛苦地死去。

王鱼的惨死，只因一个"贪"字，它们不该选择附属物作为自身的鳞片——那本来就不是自己的。人也是如此。人借助附属物获得高位，赢得名誉，好像有了"王者之尊"的成就感；但是附属物总是要脱离人而去的，一旦人失去了它们，又是无尽的烦恼与痛苦。

人对于名、利有欲望是一种本性的自然流露，有欲望并不一定不好，很多人就是因为欲望，才有了生活的动力、目标。可是如果被一种不合理的欲望控制住思想，那么人的一生将会很疲累、很痛苦。

如果你尝到了丢官的凄惨，尝到了英名不再的失落，尝到了人世间种种必然失去的无常。那么不妨想一想王鱼，用平常心来看待得失，用不争的心态来抚平创痛。古人说过："塞翁失马，焉知非福。"

事事无常，如果你早有"不争"的准备，那么，也就没有失落的痛苦。

某著名民营企业总裁，被邀请到人民大会堂参加会议，得到国家领导人的亲切接见，而且开会时被安排到主席台就座，并在大会发言，可谓风光无限。

可是这位总裁却没有这种"王者之尊"的虚荣感。开完会，他急着赶回企业，却没有买到火车票，情急之下，他到火车站买了张站票，站在拥挤的车厢里，经过10多个小时的颠簸，一路挨了回来。后来，秘书得知总裁竟从北京乘火车一路站着回来，大为吃惊，打趣道："凭您的身份，谁会想到，您刚刚还坐在人民大会堂的主席台上，一会儿却站在拥挤的火车车厢里。您不觉得委屈吗？"

总裁不以为然，反驳道："身份，我有什么身份？在人民大会堂，我的身份就是个参加大会的人；在火车车厢里我的身份就是个挤火车的人；回企业来，我的身份就是个管理者——谁的身份是一成不变的呢？这又有什么委屈呢？人活着，就要学会在不同的环境和场合认清自己的身份！"

大多数人都以为如此尊贵的一位人物，却只能买站票，并且还站了10多个小时，实在是太亏了。这也是很多身份、地位达到了一定程度的人吃不了苦的原因。这些名利都成了背在他们身上的包袱，让他们无法看清自己。

名利是很多人的欲望，像总裁这样的人是一个极端，大多数人都在名利上徘徊；尤其是执着于不合理的欲望，让自己吃亏不浅。那么怎样才能不因欲望导致自己吃亏呢？

答案就是要有一颗平常心。人们常说得而不喜，失而不忧，就是一种平常心。人生中，长长短短，聚聚散散，不是每人处处、事事、时时都能通达到完美状态。平常心、平常态，才是人活世间的至高境界。平常心是清静心，是光明心；平常心是爱国心、敬业心、正直心；平常心是超脱名利，走向心灵解放的进步、自由之路。

在股市上叱咤风云的个人投资者杨怀定，人称"杨百万"。他之所以有这样的美誉，就是因为拥有一颗平常心，在风雨起伏、变幻莫测的证券市场里，稳稳地把握住了商机。

杨怀定说："不要太贪心，想一口吃大。许多人输掉，就是因为太贪心。比如1993年，上海指数最高冲到1500点。我从1450点开始抛股票。结果又涨了50点。又涨50点的这几天别人都笑我：杨百万现在胆子小得不得了。这市场还有得涨！当时市场上都看1800点。后来跌下来，这些人看到我声音也没有了。那时我抛了股票就买了这处房子，是八股城隍庙换的，8万元，本钱是800元。"

生活中，能够寻找到满足感的人，不管他富与贫，都是成功的。一个人无论在顺境里、还是逆境中，懂得适时调整自己的心态，尊重生活中那份与生俱来的"平淡味"，没有不合理欲望的纷扰，就会生活得平静、如意。世界万物都是自然而然，平等平常的。事物的发展运动也是自然而然的，没有必要去怨天尤人，只要时刻保持一颗平常心，生活就永远是精彩的。

事事平常，事事不平常。平常心，实不平常。以善为善则是大善，将心比心皆是真心。平常心也是一种生活的态度，平平淡淡才是真。保持一颗平常心，做好自己的事，做一个善良的人。在荣誉和利益面前要以平常心视之。荣誉要让，利益要让，谦让才为高尚，力争必乱了方寸。

6. 推功揽过，英雄本色

著名的重臣魏征曾经留给后人这样一句话："念高危，则思谦冲而自牧。"以告诫后人：做人要谦冲为怀，如果一意包揽善得、令誉，就会有树大招风的危险，给自己平添许多困扰。

名利是所有人的向往，所以一个位高权重的人就难免受到嫉贤妒能人的诋毁；如果能够意识到这一点，让旁人分享荣耀，那么就会避免祸端。

心学大师王阳明曾担任兵部尚书等要职，他屡建战功，但却懂得谦冲的道理，留下一段"推功揽过"的故事，千古流传。明朝正德年间，朱宸濠起兵反抗朝廷。王阳明率兵征讨，一举擒获朱宸濠，建了大功。当时受到正德皇帝宠信的江彬十分嫉妒王阳明的功绩，以为他夺走了自己大显身手的机会，于是散布流言说："最初王阳明和朱宸濠是同党。后来听说朝廷派兵征讨，才抓住朱宸濠以自我解脱。"江彬想借此嫁祸并抓住王阳明，作为自己的功劳。

王阳明了解了这一情况后，就和张永商议道："如果退让一步把擒拿朱宸濠的功劳让出去，可以避免不必要的麻烦。假如坚持下去，不做妥协，那江彬等人就要狗急跳墙，做出伤天害理的勾当。"为此，他将朱宸濠交给张永，使之重新报告皇帝：朱宸濠捉住了，是总督军们的功劳。这样，江彬等人便没有话说了，也不再蓄意闹事。而王阳明则称病在净慈寺修养。后来，张永回到朝廷，大力称颂王阳明的忠诚和让功避祸的高尚事迹。皇帝明白了事情的始末，免除了对王阳明的处罚。

王阳明推功得以自保，而下面的陈寔则以揽过成名。

东汉时期有一个微寒之士叫陈寔，因为品行端正，被人推荐为郡功曹。有一次，中常侍侯览托郡太守高伦任用自己推荐的人为吏，高伦就任命这个人为文学掾。陈寔知道此人不能胜任，就去求见高伦，说："这个人原本不能任用，但是也不能违背侯常侍的托付。不如让我来签署这个任命，这样就不会玷污您的品德。"

高伦答应了陈寔。大家知道了这个任命，都纷纷议论，责怪陈寔怎么会任用这样不称职的人，陈寔却始终没有辩解。

后来，高伦被提升到朝廷担任尚书，士绅都来送行。高伦对他们说："我以前任命侯常侍推荐的人为吏，陈寔却悄悄地把我签署的任命书送回来，改由他来签署。我听说大家议论这件事，因此轻视陈寔，但这都是因为我畏惧侯览的势力，他为我分担忧愁才这样做的。陈寔可以称得上是把善行归于别人，把过错留给自己，能够吃亏的君子啊。"

《菜根谭》里有这样一句话：完名美节不宜独任，分些与人可以远害全身；辱行污名，不宜全推，引些归己可以韬光养德。其意即以退让求得生存和发展。任何人都厌恶辱行污名，希望把它们推得一干二净，这也是人之常情！然而，世间没有完人，每个人或多或少都有一些缺点，只要你肯静下心来，做自我反省，就不难察觉出来，因此，和别人共同承担过错，也是应该的！若能拥有此种胸怀，就能在修心养性上更具成效！

事实上，凡是具有谦让美德的人，即使不权衡利害得失，也会自然而然地采取这种作风。

齐达内和贝克汉姆都是著名的球星，除了赛场上的技艺值得人们称赞之外，他们谦让和揽过的美德也值得人们学习。

2004年，英法大战中，法国队反败为胜。中场核心齐达内在接受记者采访的时候，却将功劳都归到了队友的头上。齐达内特别赞扬了门将巴特斯的神勇："如果他不扑出那粒点球，那么结局很可能会完全不同。"英格兰队如果抓住这个点球机会，很可能彻底摧毁法国队员的信心。在危急关头，巴特斯判断准确，将贝克汉姆的点球扑出门外。"巴特斯的扑救让比分停留在了一球落后的局面，这使得我们扳平比分的信心没有受到进一步的打击。"齐达内认为，"这是一次至关重要的扑救。"

足球靠的就是团队的力量，如果没有这种互相谦让的和谐，也就不会有一个团队最终的荣耀。齐达内的推功是明智的，而败军之将贝克汉姆，也唱了一出"揽过"，与齐达内相互呼应，一场推功揽过的好戏突显了两个人的英雄本色。

贝克汉姆虽然利用一次任意球机会助攻队友兰帕德首开纪录，却错失了一次点球良机。比赛结束后，贝克汉姆仰天长叹："我不相信会是这样的一个结果。"随后又说，"如果我罚入了那粒点球，那么我们肯定会赢得比赛。在这方面我要负全部责任。"贝克汉姆敢做敢当的气魄也为他的这场失败挽回了一点颜面。

一个人面临名誉可以不为所动，是为人处事的圆润，不露锋芒的内涵；而面对错误，能够真心反省，则是果断刚强的勇气，严于律己的精神。真英雄不争名夺利，尽量收敛自己智慧的光芒、多反省自己。

在生活中，要挫挫自己的锐气，使自己磨得圆润一些，也未必不是一件好事；以平和、宽容的心态化解自己的愤怒，笑对自己、笑对他人、笑对生活。

一个人拥有完美的名声、节操，就容易招致他人的妒忌、毁谤，因此，要多少把它们分给别人一些，以免自身反受其害！同样，恶劣的声名，也不能往旁人身上推，自己好歹要分担一些。能抱着这种处世的态度，才可以修心养心，达于至善之境！

送一分荣耀给别人，得一分人缘；揽一分过错于己身，得一分进步。

7. 与人方便，就是与己方便

一个善于为别人着想的人，因为心中存满仁爱，他们就显得很安静，很快乐，即使不断地付出，心中的爱却不枯竭，付出得越多，心中的爱积蓄得也越多。

如果能把这种"爱"推而广之，那么就是与人为善。与人为善实际是在善待自己，是在不停地为自己创造和争得人的尊严和权利，也是在推动社会和谐和人与人友好相处作贡献，最终受益的还是你自己。

为什么要这样说呢？因为人不但是一种物质存在，而且是一种精神存在。人有永恒的社会追求与精神追求，希望使社会、生活及自身日趋完美；另一方面，在这个追求不断进步、不断完美的过程中，有着许许多多的困难和障碍，老百姓常说"人生有九九八十一难"，就是这个意思。人过一辈子，无论是谁，都很不容易。人与人之间相互善待，处处为对方多做一点，是我们对付这"九九八十一难"最可靠的保障之一。

人生在世，总得和别人打交道，如果能够以友善、友爱的心来与人交往，那么就会给个人、家庭、社会带来友谊、成功、进步和幸福。

下面是一个教授发出的感慨：能为别人着想，就是为自己着想。

学校最有名的一位教授要开设讲座了。教授来到时，讲堂里已经坐了几个人，都是在大讲堂里靠近讲台和过道两边的座位。而中间和后面那些出入不方便的座位，都还空着。这时，听讲座的同学陆续都到来了，大讲堂里的每一个座位上都坐着人。

时间到了，这位教授从坐着的椅子上站起来，他没有开始讲课，而是走下讲台，来到大讲堂最后面一排的座位上，指着座位中间的一个同学说："同学们，在开始今天的讲座之前，请允许我向这位同学致敬。"说着，教授脱下礼帽，向那位同学深深地鞠了一躬。人们一时没明白教授此举的目的，大讲堂里一下变得鸦雀无声。教授缓缓地说道："我之所以向这位同学鞠躬，是因为他选择坐里面位置的行动，让我充满敬意。"

一时间，讲堂里议论纷纷，都觉得教授有些小题大做，甚至是哗众取宠，教授没有反驳同学们的话，依然用不高的语调说道："我今天是第一个来大讲堂的，在你们入场的时候，我特别注意观察了。我发现，许多先到的同学，一进来就抢占了靠近讲台和过道两边的座位，在他们看来，那一定是最好的位置了，好进好出，而且离讲台也近，听得也最清楚了。只有这位同学来的时候，我看到当时靠前和两边的位置还有很多，可是他却径直走到大讲堂的最后面，而且是坐在最中间，进出都不方便的位置。这位同学把好的位置留给了别人，自己却宁愿坐出入最不方便的位置。他的这种行为，难道不值得我们尊敬吗？"

学生们开始有所醒悟，纷纷赞同教授的观点，教授似乎意犹未尽，他接着说道："我继续观察后发现：先前那些抢占了他们认为是好位置的同学，其实备受其苦，因为座位前排与后排之间的距离小，每一个后来者走到里面去时，靠边的同学都不得不起立一次。我统计了一下，在半个小时之内，那些抢占了'好位置'的同学，竟然为他们只想着自己的行为，付出了起立10多次的代价。然而，那位坐在后排中间'最差位置'的同学，却一直安详地看着自己的书，没有被人打扰。"

从功利的角度来说，处处为他人着想，能较好地推动人们相互之间的理想和合作，做成做好各种事情；能较好地促进人们同心协力营造一个良好的生活环境，不断提高所有人的生活质量；能较好地推进整个社会的全面发展和所有社会成员的全面发展，使这"两个全面发展"中的动力激发到最大，阻力减少到最小。

人活着，处处为了自己的私利，必然把麻烦也留给了自己，而那些情系他人的人，必然会获得别人的善待。从做人的角度看，与人为善，就是与人方便，同时与己方便。

为他人多做一点是人们最主要的幸福源泉。人们追求的幸福各式各样，世界上的幸福千种万种，但历史表明，能与人生共长久的是精神幸福，而真正能经得起时间考验的精神幸福，是因善待他人、有益于社会而获得的幸福。

当你为别人着想时，自然而然会得到别人充满爱心的回馈。

8. 帮助别人需要热情，更需要技巧

帮助人是中外的传统美德，但是，如果你帮助别人不注意方式，往往会损害受帮助者的尊严。这时候，你的帮助就会变味，不但帮不了人，还会给受帮助者带来莫大的危害。

战国时期，诸侯混战，民不聊生，这一年，齐国大旱，饥民遍野。有一个富人叫黔敖，他开仓赈灾，吩咐家人在路边准备好饭食，以供路过饥饿的人来吃。这时，有一个瘦骨嶙峋的饥民走过来，只见他满头乱蓬蓬的头发，衣衫褴褛，将一双破烂不堪的鞋子用草绳绑在脚上，他一边用破旧的衣袖遮住面孔，一边摇摇晃晃地迈着步，由于几天没吃东西了，他已经支撑不住自己的身体，走起路来有些东倒西歪了。

黔敖看见这个饥民的模样，便特意拿了两个窝窝头，还盛了一碗汤，对着这个饥民大声吆喝着："喂，过来吃！"饥民像没听见似的，没有理他。黔敖又叫道，"吓，听到没有？给你吃的！"只见那饥民突然精神振作起来，瞪大双眼看着黔敖说："收起你的东西吧，我宁愿饿死也不愿吃这样的嗟来之食！"说完，这个饥民昂首挺胸地走了。虽然最后他饿死了，但是他宁死不吃嗟来之食的精神却流传了下来。

一个人饥饿到了极点，到了几乎不能维持自己生命的时候，却依然能够拒绝别人轻蔑的施舍，让他能够付出生命代价去维护的，就是他的尊严。每个人都遇到过难处，都有请求别人帮助的时候，在人们准备请求获得帮助的时候，他们首先想到的是如果别人拒绝怎么办？在这个时候，他们的心灵就已经极其敏感了。

如果你不是一个死缠烂打的人，那么你一定会考虑到：假如对方表现出些许的为难，或者说了推辞的话，你会怎么办？当然是体谅人家的难处，收回自己的请求，如果对方对你不尊重，冷嘲热讽呢？我们自然会挺直腰杆，宁可无助，也决不再接受对方的帮助。

所以，我们在帮助别人的时候，一定要注意维护对方的尊严，不要让他们已经受到创伤的心灵再遇挫折。

曾经有一个残疾的乞丐，他断了一只手臂。一天，他来到一户人家门口，向主人乞讨活命的食物。这时，从里面走出一个中年妇女，她仔细端详了乞丐一番，对乞丐说："现在经济形势这么恶劣，我没有多余的钱施舍给你，不过，如果你能帮我们家做一些事的话，我倒不介意为此付给你工钱。"

乞丐纳闷了：自己一个残疾人，能干什么呢？妇人把乞丐带到后院的一堆砖边，指着那堆砖说："你只要把这些砖搬到前院的话，我就给你钱。"

乞丐听完后，很气愤，压抑不住心中的怒火，说："你明知道我只有一只手，还叫我搬砖！不给钱就算了，你还羞辱我！"但那妇人却拿起一块砖，对他说："拿起一块砖，一只手的力量就足够了！你虽然只有一只手，但你仍然可以用你的一只手搬砖啊，照样可以靠自己的劳动赚钱！"乞丐听完后，似乎懂得了什么，他吸了口气，用他的一只手，一块一块地把砖搬完了。妇人看着乞丐把砖搬完后，也实行了自己的诺言，拿了些钱给乞丐。

几年后，有一个气度非凡，身穿西装的青年来到这个妇人家，感慨万千地感谢那妇女，那位妇女开始并不知道他是谁，后来看出了那人是独臂，才想起是当年来自己家乞讨的那位乞丐。那乞丐现在成了一家搬运公司的老板，他正是用他的那一只手，成就了自己的一番事业。这位青年对妇女说："非常感谢您，要不是您帮我找回我的尊严，我哪会有今天！如果没有您对我的教诲，我……"

妇女又领他来到了后院，指着依然堆在那里的砖头说："其实我并不需要挪动那堆砖头，这些年来，每个到我家来寻求帮助的人，我都会让他们去搬那堆砖头，我只是想让他们体面地获得帮助。同时告诉他们：要用自己的劳动来换取钱财，今天你的成就，就是你辛勤的劳动和自信带来的！"

故事中这个妇人的办法非常高明，在帮助别人的同时，她很好地维护了对方的尊严，并且通过劳动给对方一个提示——尊严可以靠劳动来维护，命运也可以靠劳动来把握。

在今天的社会里，人和人之间的关系变得异常密切，这也就导致互帮互助变得越来越平常。但在有些人的意识里，帮助者和受帮助者并不是平等的，帮助人的人处于强势地位，自然可以高高在上；而受帮助者由于有求于人，好像应该卑躬屈膝，低人一等。

在这种观念的误导下，他们在帮助别人的时候，会显露出自己的优越感来，从而使自己表情变得傲慢，语气变得不屑，言辞变得尖刻，眼神变得冷漠。这会给受帮助者一种心寒的感觉。设身处地地想一想，如果我们处在受帮助者的位置，我们还能接受这样的"帮助"吗？

帮助别人需要热心，更需要技巧，而这技巧中最重要的一条，也是原则性的一条，就是要维护对方的尊严，让他人愉快地接受你的帮助，而不会产生心理负担。我们在电视上、新闻里看到过不少企业和个人出资帮助遇到困难的个人和家庭的事情，习惯性的报道方法就是先说受帮助者如何困难，再说帮助人的人如何心善，最后受帮助者对帮助者千恩万谢。

我们不用怀疑自己的动机，也不怀疑自己的真诚，但是，有时候，我们的一些善意的举动不仅没有帮到受助者，反而让受助者处于一个非常尴尬的境地。实际上，当一个人的家庭状况被赤裸裸地公布于大庭广众之下，当一个人向恩人鞠躬磕头的镜头登上电视银屏的时候，他的尊严，已经或多或少地受到了伤害。

你和别人之间的尊重是相互的，你尊重别人，才能真正帮到别人，才能获得别人受到帮助后对你发自内心的感激！

人际交往篇

第四章

学会变通：上山唱山歌，下海唱渔歌

❖

　　谁又能真的"万事不求人"呢？有这样"资本"的人有多少呢？生活和事业上有太多需要协调和屈就的事情，需要我们付出耐心和智慧来解决，而不是靠一时的好恶和脾气。

1. 适当地"变脸"很重要

有的人虽然有很强的语言表达能力，却凡事以自我为中心，涵养不足、目中无人，只顾自己讲得痛快，却完全没有照顾对方的面子，结果给自己招来了不少麻烦。对大部分人来说，"面子"问题是一个不可忽视的大问题。我们只有赢得对方的好感，才有可能获得想要的东西，这也是做事的一大技巧。

在交往中，适当地"变脸"很重要，就好像看菜吃饭。比如说，你以前的师弟现在成了老板跟前的"红人"，你却还是拿他当"小弟"看待；又或者，曾经和你平起平坐的同学已经功成名就了，你在人前人后还是拍着他的肩膀，和他"称兄道弟"，这就犯了人家的忌讳。为了避免这种情况的发生，我们一定要看准讲话的对象，有所选择，到什么山上唱什么歌，然后结合自己的需要再说出合适的话。

小高是一家著名公司的销售经理，年轻有为，可谓青年才俊。也许是发展得太过顺利了，他养成了目中无人的习惯，看到什么都想指点一番。

到年底了，小高的工作业绩在整个公司遥遥领先，公司高层有意无意间曾暗示过小高，透露公司有意让小高出任这家公司的副总经理。小高高兴坏了，平日里说话做事更加高调，好像自己已经坐上了副总的位置。

这一天，总公司给小高打电话，让小高到公司总部去一趟。小高心想，这肯定是对他的间接面试了，可要好好把握机会。小高提前到了公司总台，看到总台的两位接待小姐，一边接电话，一边整理信件，前台旁边站着几位来公司办事的，无所事事地翻着总台旁边的报纸。小高左看看、右瞧瞧，把这些都记在心里。

一刻钟后，上面来电话让小高上三楼总经理办公室。小高平时所在的销售部，大家的交往都很随意，于是小高大大咧咧地推开门，笑着对总经理道："我一直在等着您召见我呢。"总经理愣了一下，请小高坐下，给他倒了一杯水，对他说："我特意叫你过来，是想问下你关于公司明年总体运营的计划，你有什么打算吗？"小高直截了当地对经理说："经理，我们今天第一次见面，在我们谈工作之前，能不能让我先说一些现在公司总部存在的问题？也算是我给您提的小小建议吧！"总经理诧异地说："当然可以，请说吧！"于是他说道："我今天到公司总台，看到前台小姐的状态并不让人满意，有的上班还在玩手机，这对客户的第一印象是非常不好的；还有几个来办事的客户，他们都是站在前台旁边等的，能否为他们设置一个专门的休息室？我想你应该先解决这些问题，我觉得这比工作计划还要重要……"

总经理开始很认真地听着，到后来就开始不耐烦了，小高却还是大胆地说："你办公室的桌子和椅子应该很高档，但匹配的沙发不是真皮的，档次不够高，缺少气…"最后，总经理打断了小高的话："小高，你可是个销售经理啊，我们难道不应该主要谈销售吗？我看，你还是先回去，换你们部门的副经理来谈吧。"小高愣了，但他还是不明白自己错在哪里了。

小高的错误，就在于他从心底就没有意识到，销售部和总经理办公室是不一样的。一般说来，人们在与自己地位、才识相同的人交往时，大多都能从容应对，彬彬有礼，该开玩笑的开玩笑，该要贫嘴的要贫嘴，谁也不会在意你的直言相对；可是，倘若交往对象的身份有了变化，再这样"直言无忌"就有看不起人的嫌疑了。在社交中，"察言观色"不仅仅要察看对方的脸色和心情，也要根据对方的身份和地位调整自己的语言乃至语气，等等，这是很重要的能力。一句话，在不同场合，面对不同身份的人就能起到不一样的作用。因此在与他人讲话时，一定要学会维护他人的"面子"，面对不同身份和地位的人，就要用不同的方式进行交谈。对地位比你高的人，要适当地谦卑尊敬，对地位比你低的人，要平易近人、亲切随和。这并不是屈尊俯就，跟着人家话题后面跑，而是尊重对方，并能平心静气地引导着谈话氛围朝有利于自己的这方面发展。同时，不要只顾着讲话，还要注意观察对方情绪的好坏，随时调整自己的说话策略。

比如说，有某个办公室，两个工作人员正在办公室里喝着咖啡聊天，一边聊一边说自己科长的种种不是，突然，办公室的门开了，他们的讨论对象——科长走了进来，一时之间，两个人十分尴尬。有个反应快的工作人员赶紧倒了一杯咖啡，递给科长道："科长好，您这么忙还来我们这里检查工作啊，这是我表弟刚从国外寄给我的咖啡，我们刚刚烧好一壶，正讨论着说这么难得的咖啡，应该让科长来尝尝。"这时，科长微微一笑，也有了台阶下，道："我说呢，我不来你们这里视察视察，你们就把咖啡藏起来自己享受了。"于是，大家一起聊天说笑，刚才的尴尬瞬间消失。这位员工的"变脸"恰到好处，不露一点儿破绽，巧妙地"遮掩"了自己的失误，还顺便捧了捧科长，打消了他心底的不快。

不可否认，小高确实花了心思，但花得不是地方，使对方心里产生厌恶和不耐烦感。更糟糕的是，他还没有及时认识到自己的错误，反而显示了自己的独断与无知。因此，说话得体，是一门必修课，只有学会在什么场合说什么话，对不同的语言环境做出不同的反应，才能取得最佳的表达效果。

人与人的交往，其实很多时候并不是完全平等的，掌握说话的时机和生活经验一样，要掌握它并不容易，必须经过长期的磨炼。但是，最主要的是，你必须要放下面子和身份，从对方的言行举止当中去揣度对方的性格、品位、心情，适应对方的说话方式和风格，然后再适当地斟酌自己的语言。不管你有没有修炼到这种水平，只要你意识到了"说话必须考虑到对方"，不是光想到自己，那么，无论是在职场商场上，还是在其他事业上，都能帮助你尽可能地减少"说错话"的概率，助你一臂之力。

2. 注意看场合，准备"面具"别害羞

人往往会"说者无心，听者有意"，说话也是要讲技巧的，就算是说出自己的心里话，也要看场合，不能随便。有的人不看场合，随心所欲，信口开河，想到什么说什么，结果往往是双方不欢而散，两败俱伤。其实，怎么说话是个技巧，在不同的场合，对不同的人，就应该说不同的话，用不同的方式说话，要恰当地把握说话的时机和场合。选择合适的说话时机，才能让对方喜欢听，愿意听。

置身某种环境之中，要想做到滴水不漏，就必须看看你身处的场合，以及这个场合之中每个人的所好所忌，把握说话的分寸。有一些话题，是不适合拿出来公开谈论的。同样一个意思，在不善言辞的人口里，可能听得人人皱眉，但是会说话的人，却能将它讲得悦耳动听，让人乐于接受。这二者的区别，就在于你会不会给自己说的话准备合适的"面具"。

比如说，你的某个同事或亲友生病了，你去看望他，这个"看望"就有很多种说法，有"我专门来看你""我顺便来看你"，等等。"我专门来看你"显示出你对于看望这件事非常重视，让被看望的人顿时觉得自己很重要；"我顺便来看你"，显而易见，你只是把看望这件事当成了小事，顺便为之，根本就没放在心上。虽然你说起来不觉得有什么，却会让听到的人心里有疙瘩。可见，你说话时组织的语言，可以直接影响别人对你的看法。从你的言谈态度中，别人也能看出你是怎样的人，从而决定采用哪种方式和你交往。很多人会认为别人总是不理解自己，不体谅自己；而自己呢，却从来做不到，甚至从来没想过全面去理解别人，总是站在自己的角度考虑问题，不知不觉中就犯了大错。

阿凯在一家公司做行政主管，他精明能干，有眼力见儿。但他的缺点是脾气很不好，遇到事情的时候容易着急，大吼大叫，甚至会朝同事发火，让同事们十分尴尬。

有一次，办公室里缺少桌椅，他让一个部下到家具城挑桌椅。结果，下属买回来的东西比他事先打听到的最低价多了500元。对此，阿凯非常生气，在办公室里大发脾气，立马逼着下属把东西退回去，弄得下属下不来台。

从那之后，阿凯发现，不管是和自己平级的同事，还是自己的下属，都在躲着自己，生怕为自己办事。有时候，本来大家有说有笑，气氛融洽，只要阿凯一出现，气氛马上降到冰点。对平时的工作，大家也是能躲就躲，甚至有几个部下打算跳槽。阿凯终于意识到，肯定是自己上次跟部下发火的事情让大家觉得自己难以相处。他暗暗决定，以后再批评同事，要注意分场合，有些事情私下批评就行了，用不着在大庭广众之下大发雷霆。

过了段时间，公司打算搬家，这个工程颇为浩大，得去请搬家公司。阿凯决定这次不再插手，鼓励同事们积极参与，办公室的一个同事道："我有个铁哥们儿是做搬家公司的，我能找他谈谈，拿个最低价格。"

阿凯没有当众反对同事的意见，他一边要同事去找熟人要份报价单，一边自己到市面上找了好几家搬家公司咨询，等掌握了全部的前期资料后，就赶回公司和同事商量。

一回公司，同事就眉飞色舞地迎上来说："我一跟朋友说这件事，朋友立马决定给我打七折，怎么样，够便宜的吧！"

阿凯一盘算，即使打折之后，这个价钱也高于市面价，阿凯心想，你这个铁哥们儿是逮着熟人坑呢。他本想一口回绝，但转念一想：算了，难得他有这个积极性，何不给他点面子，卖他个人情，让他来负责搬家这块，他揽下的事，他肯定会尽心尽力的。

于是，阿凯笑着拍着同事的肩膀道："还是你能干啊，比我找的搬家公司便宜啊，这个搬家的事就交给你了。"

同事高兴得脸上泛光，道："哪能麻烦主任呢，你不用多操心了，我会负责到底的。"

于是，这件事就顺利办成了，阿凯基本上没费什么劲，盯活，派活，监督施工，全是那个同事一手操劳了，最后，阿凯还得到了老板的嘉奖。

人活在世上，要考虑的事情、顾及的东西实在太多，如果某个人做人做事可以随性而为，想干什么就干什么，想说什么就直接说什么，那确实也算一种难得的"境界"，但是，谁又能真的"万事不求人"呢？有这样"资本"的人有多少呢？生活和事业上有太多需要协调和屈就的事情，需要我们付出耐心和智慧来解决，而不是靠一时的喜恶和脾气。

对大多数人来说，你其实并不重要，你的所作所为对别人的影响也不大，所以你不可以想做什么就做什么，而让别人对你的一切都言听计从。在生活中，处处得罪人，到哪里都"不顺"的人多半是性情中人，因为他们的"直脾气"得罪了不少人，大家也都不乐意和他交往。

其实，给人面子并不难做，只要记住这一点：时时刻刻注意为别人保住体面和尊严，不论什么时候、什么场合，说话时都要注意分寸。考虑不周到的话，最好咽下去。还要注意说话的场合、地点和说话的对象，语气委婉一点儿，态度诚恳一点儿，事实上只需要做到这一点，你就会赢得很多朋友，做事的成功率也会大很多。

3. 量体裁衣，了解办事对象

鬼谷子曾经说过："与智者言依于博，与博者言依于辩，与辩者言依于事，与贵者言依于势，与富者言依于豪，与贫者言依于利，与战者言依于谦，与勇者言依于敢，与愚者言依于锐。""说人主者，必与之言奇，说人臣者，必与之言私。"

有病不能乱投医，求人办事之前，一定要对办事对象的情况作客观的了解。只有知已知彼才能针对不同的对手，采取不同的会谈技巧。办事时说话不看对象就达不到求人办事的目的，就不能顺利地把事情办好。因此在求人办事的过程中一定要根据各种人的身份地位、性格爱好和其心理采取不同的处理方式，并把握分寸，才能把事情办好。

有个叫许允的人在吏部做官，提拔了很多同乡人。魏明帝察觉之后，便派人去抓他。他的妻子在他即将被带走时，赶出来告诫他说："明主可以理夺，难以情求。"让他向皇帝申明道理，而不要寄希望于哀情求饶。因为，依皇帝的身份地位是不可能随便以情断事的，皇帝以国为大，以公为重，只有以理断事和以理说话，才能维护好国家利益和作为一国之主的身份地位。

于是，当魏明帝审讯许允的时候，许允直率地回答说："陛下规定的用人原则是'唯贤是举'，我的同乡我最了解，请陛下考察他们是否合格，如果不称职，臣愿处罚。"魏明帝派人考察许允提拔的同乡，他们倒都很称职，于是将许允释放了，还赏了他一套新衣服。

说话要考虑对方的身份地位，许允提拔同乡，根据的是朝廷制定的荐举制度。不管此举妥不妥当，它都合乎皇帝在其身份地位上所认可的"理"。许允的妻子深知跟皇帝难于求情，却可以"理"相争，于是叮嘱许允以"举尔所知"和用人称职之"理"，来规避提拔同乡、结党营私之嫌。

求人办事，除了要考虑对方的身份以外，还要注意观察对方的性格。一般说来，一个人的性格特点往往通过自身的言谈举止、表情等流露出来，如：那些快言快语、举止简捷、眼神锋利、情绪易冲动的人，往往是性格急躁的人；那些直率热情、活泼好动、反应迅速、喜欢交往的人，往往是性格开朗的人；那些表情细腻、眼神稳定、说话慢条斯理、举止注意分寸的人，往往是性格稳重的人；那些安静、抑郁、不苟言笑、喜欢独处、不善交往的人，往往是性格孤僻的人；那些口出狂言，自吹自擂，好为人师的人，往往是骄傲自负的人；那些懂礼貌、讲信义、实事求是、心平气和、尊重别人的人，往往是谦虚谨慎的人。对于这些不同性格的说话对象，一定要具体分析，区别对待。

《三国演义》中，马超率兵攻打葭萌关的时候，诸葛亮私下对刘备说："只有张飞、赵云二位将军，方可对敌马超。"这时，张飞听说马超前来攻关，主动请求出战。诸葛亮佯装没听见，对刘备说："马超智勇双全，无人可敌，除非往荆州唤云长来，方能对敌。"张飞说："军师为什么小瞧我！我曾单独抗拒曹操百万大军，难道还怕马超这个匹夫！"诸葛亮说："马超英勇无比，天下的人都知道，他渭桥六战，把曹操杀得割须弃袍，差一点丧命，绝非等闲之辈，就是云长来也未必能战胜他。"张飞说："我今天就去，如战胜不了马超，甘愿受罚！"诸葛亮看"激将"法起了作用，便顺水推舟地说："既然你肯立军令状，便可以为先锋！"

性格有时会影响做事的效果。诸葛亮针对张飞脾气暴躁的性格，常常采用"激将法"来说服他。每当遇到重要战事，先说他担当不了此任，或说怕他贪杯酒后误事，激他立下军令状，增强他的责任感和紧迫感，激发他的斗志和勇气，扫除他的轻敌思想。

我们在办事时，虽然被求者的情况有种种不同，如对方的兴趣、爱好、长处、弱点、情绪、思想观念等，这些都是需要注意的内容，但身份与性格无论如何都是很重要的"情况"，不得不优先注意。因此，我们在求人办事之前，一定要对办事对象的情况作客观的了解。

比如，知识高深的对象，对知识性的东西抱有极大的兴趣，不屑听肤浅、通俗的话，应充分显示你的博学多才，多作抽象推理、致力于对各种问题之间内在联系的探讨。

从语言了解对方，是取得胜利的关键。我们可以从对方言谈的微妙之处观察其性格特征和内心活动。在谈吐中常说出"果然"的人，自以为是，强调个人主张。经常使用"其实"的人，希望别人注意自己，他们任性、倔强、自负。经常使用"最后怎么怎么"一类词汇的人，大多是其潜在的欲求未能得到满足。

通过对手无意中显露出来的态度及姿态，了解他的心理，有时能捕捉到比语言表露更真实、更微妙的思想。例如，对方抱着胳膊，表示在思考问题；抱着头，表明一筹莫展；低头走路，步履沉重，说明他心灰气馁；昂首挺胸，高声交谈，是自信的流露；女性一言不发，揉搓手帕，说明她心中有话，却不知从何说起；真正自信而有实力的人，反而会谦虚地听取别人的讲话；抖动双腿常常是内心不安、苦思对策的举动，若是轻微颤动，就可能是心绪悠闲的表现。

对办事对象的了解，不能停留在静观默察上，还应去激发对方的情绪，才能够迅速准确地把握对方的思想脉络和动态，从而顺其思路进行引导，这样会谈才易于成功。

4. 欲进尺，先得寸——台阶要一级一级地登

一列商队在沙漠中艰难地前进，昼行夜宿，日子过得很艰苦。

一天晚上，主人搭起了帐篷，在其中安静看书。忽然，他的仆人伸进头来，对他说："主人啊，外面好冷啊，您能不能允许我将头伸进帐篷里暖和一下？"主人还是很善良的，他欣然同意了这个请求。

过了一会，仆人说道："主人啊，我的头暖和了，可是脖子还冷得要命，您能不能允许我把上半身也伸进来呢？"主人又同意了。可是帐篷太小，主人只好把自己的桌子向外挪了挪。

又过了一会儿，仆人又说："主人啊，能不能让我把脚伸进来呢？我这样一部分冷、一部分热，又倾斜着身子，实在很难受啊。"主人又同意了，可是帐篷太小，两个人实在太挤，主人只好搬到了帐篷外边。

当个体先接受了一个小的要求后，为保持形象的一致，他可能接受一项更重大、更不合意的要求，这叫作登门槛效应，又称得寸进尺效应。

心理学家认为，一下子向别人提出一个较大的要求，人们一般很难接受。如果逐步提出要求，不断缩小差距，人们就比较容易接受。这主要是由于人们在不断满足小要求的过程中已经逐渐适应，意识不到逐渐提高的要求已经大大偏离了自己的初衷。

登门槛效应通俗地说，就像我们登台阶一样，我们要走进一扇门，不可以一步飞跃，只有从脚下的台阶开始，一个台阶、一个台阶地登上去，才能最终走进门里。

想让别人做一件事，如果直接把全部任务都交给他，往往会让他产生畏难情绪，拒绝你的请求；而如果化整为零，先请他做开头的一小部分，

再一点一点请他做接下来的部分，别人往往会想，既然开始都做了，就善始善终吧，于是就会帮忙到底。

有两个人做过一次有趣的调查，他们去访问郊区的一些家庭主妇，请求每位家庭主妇将一个关于交通安全的宣传标签贴在窗户上，然后在一份关于美化加州或安全驾驶的请愿书上签名，这都是一个小而无害的要求。很多家庭主妇爽快地答应了。

两周后，他们再次拜访那些合作的家庭主妇，要求她们在院内竖立一个倡议安全驾驶的大招牌——该招牌并不美观——保留两个星期。结果答应了第一项请求的人中有55%的人接受这项要求。

他们又直接拜访了一些上次没有接触过的人，这些家庭主妇中只有17%的人接受了该要求。

是啊，既然已经在刚开始时表现出助人、合作的良好形象，即便别人后来的要求有些过分，也不好推辞了。生活中，要想让别人答应自己的要求，就需要借鉴登门槛效应。

如果你有一件棘手的事想请人帮忙，或者某个要求想征得别人同意，最好是在提出自己真正的要求之前，先提出一个估计人家肯定会拒绝的大要求，待别人否定以后，再提出自己真正的要求，这样，别人答应自己要求的可能性就会大大增加。

西方二手车销售商卖车时往往把价格标得很低，等顾客同意出价购买时，又以种种借口加价。有关研究发现，这种方法往往可以使人接受较高的价格；而如果最初就开出这种价格，则顾客很难接受。

有一个人得了高血压，夫人遵照医嘱，做菜时不放盐，丈夫口味不适应，拒绝进食。后来夫人将医嘱折中了一下，每次做菜少放一点盐，每次递减的程度很小，后来丈夫逐渐习惯了清淡的味道，即使一点盐不放，也不觉得不好吃了。

这些都是成功运用登门槛效应的案例，在人际交往中，当你要求某人做某件较大的事情又担心他不愿意做时，可以先向他提出做一件类似的、较小的事情，然后一步步地提成更大一些的要求，从而巧妙地促使别人帮助自己达成目标。

生活中，向人求助时，别忘了要循序渐进；当别人向你提出一个小的要求时，也要当心他得寸进尺。

总之，掌握了"欲进尺先得寸"的方法，你就掌握了促使别人为你办事的技巧。

5. 当面恭维，不如背地赞美

阿华的公司长期和一家外贸企业合作做生意。外贸公司的大胖子徐经理可以说是他们的财神爷。有天在公司里，阿华极力劝说徐经理和他们扩大贸易范围，但费了九牛二虎之力也没能说服徐经理。

徐经理刚一走，阿华就恼羞成怒地说："你们看徐胖子，出息不多，顾虑不少。"结果徐经理忘了拿包，正好回来。虽然旁人不断给阿华使眼色，但他越说越得意："他以为他是谁啊？往公司大门口一站，蚊子都只有侧着身子才能飞进来；他那条短裤，肯定是他老婆用两个米袋子改的……"全然没注意到徐经理正在自己后面。

过了一会儿，阿华才发现人们都不笑了；一回头，恰好看到徐经理涨得发紫的脸，阿华当时尴尬得真想找个缝钻进去。

旁人赶紧打圆场："阿华这个家伙，就是嘴巴讨厌。"阿华也急忙赔着笑脸道歉，说自己喜欢开玩笑。徐经理当时没吭一声就走了。

之后，虽然阿华多次请徐经理吃饭，想方设法赔礼道歉，但关系始终恢复不到以前的样子了，合作生意因此也少了很多。

这就是背后说人坏话的代价。相反，《红楼梦》中有这么一段描写。

史湘云、薛宝钗劝贾宝玉出仕为官，贾宝玉大为反感，对着史湘云和袭人赞美林黛玉说："林姑娘从来没有说过这些混账话！要是她说这些混账话，我早和她生分了。"

凑巧这时黛玉正来到窗外，无意中听见贾宝玉说自己的好话，"不觉又惊又喜，又悲又叹"。后来宝黛两人互诉衷肠，感情大增。

在林黛玉看来，宝玉在湘云、宝钗、自己三人中只赞美自己，而且不知道自己会听到，这种好话就不但是难得的，还是无意的。倘若宝玉当着黛玉的面说这番话，多心的林黛玉也许非但不领情，还会觉得宝玉在嘲笑自己；即使领情了，效果也没这么好。

做人做事有这样一条原则：判断别人时你自己也在被别人判断。

一个经常说别人坏话，挑别人短处，指责别人错误的人，只会让人感到其爱挑剔而难于与其相处，让人感到其品质恶劣而对其厌烦。如果你总是认为这个也不好，那个也不行，人人都有问题，那么只能说明你自己不善于与人相处，自己有问题。别人正是通过你对别人的判断，来判断你的为人。

喜欢听好话似乎是人的一种天性。当来自社会、他人的赞美使其自尊心、荣誉感得到满足时，人们便会情不自禁地感到愉悦和鼓舞，并对说话者产生亲切感，这时彼此之间的心理距离就会因一句好话而缩短，自然就为交际的成功创造了必要的条件。

你会说："那是因为上面两个故事里当事人刚好在场。"其实，我们在背后说的他人的好话，是很容易就会传到对方耳朵里去的。而且远比当面恭维别人说好话的效果好得多。

假如我们当着上司和同事的面说上司的好话，同事们会说我们是在讨好上司，拍上司的马屁，从而容易招来周围同事的轻蔑。另外，这种正面的歌功颂德所产生的效果是很小的，甚至还会有起到反效果的危险。同时，上司脸上可能也挂不住，没准还会说我们不真诚。

与其如此，还不如在上司不在场时，大力地"吹捧一番"。有一位员工与同事们闲谈时，随意说了上司几句好话："刘经理这人真不错，处事比较公正，对我的帮助很大，能够为这样的人做事，真是一种幸运。"

这几句话很快就传到了刘经理的耳朵里。刘经理心里不由得有些欣慰和感激。而那位员工的形象，也在刘经理心里上升了。就连那些"传播者"在传达时，也忍不住对那位员工夸赞一番：这个人心胸开阔，人格高尚，难得。

在背后赞扬别人，能极大地表现说话者的"胸怀"和"诚实"，有事半功倍之效。

比如，夸赞上司，说他办事公平，对你的帮助很大，还从来不抢功，那么，往后上司在想"抢功"时，便可能会手下留情。

背后赞美，最好力争是"第一次发现"，你所发现的对方的特色、潜能、优势最好是别人谁也没有发现，甚至是他自己也没有发现的内容。这样你的赞扬更容易被流传出去，而且也会令当事人恍然大悟，瞬间增强自信，从而对你产生好感。

背后赞美也要与对方的内心好恶相吻合，他自己认为是缺点，内心极为厌恶，或者别的人也不觉得这是怎么值得赞美的，但却被你背后夸奖吹捧——结果传到他耳朵里的时候，往往变成了故意讽刺，那你的赞美就适得其反了。这也不能怪别人，谁叫你说得这么离谱，让听到的人都觉得不真诚，更别提当事人了。

所以，一定要寻找对方最希望被赞美的内容，各人有各人优越的地方，有自知优越的地方，他们固然盼望得到别人公正的评价，但在那些还没有自信的地方，尤其不喜欢受到人家的恭维。

例如女孩子，都喜欢听到别人夸赞她们美丽，但对于具有倾国倾城姿色的女孩就要避免再去赞扬了，而应称赞她的智力。如果她的智力又恰好不如别人，那么你的称赞一定会使她雀跃无比。

如果怕说错话，不如来个"背后的背后"，可以引用他人的评价，对当事人加以赞美："你知道吗？我听我爸爸说过，这人是一位有名望的作家……""我不认识这位企业家，但是我的老朋友经常夸奖他，我相信朋友的眼光不会错，所以我很想认识他……"

注意，被引用的人要是你的朋友、亲人，或者是有名望的人。这样虽然费劲一点，但是，证明你对当事人的成就、声誉是费了工夫打听来的，对方会欣然接受你的赞美，还会觉得你是个真诚的人。对你开拓人脉，寻找贵人也不无好处。

6. 与其言而无信，不如别向人承诺

"君子一言，驷马难追"，讲的是做人信用度。一个不讲信用的人，是为人所不齿的。现在的生意场上，公司、企业做广告做宣传，树立公司、企业在公众中的形象，就是想提高公司、企业的信用度。信用度高了，人们才会相信你、和你有来往、愿意成交生意，你办事才会容易成功。

人无信不立。信用是个人的品牌，是办事的无形资本。有形资本失去了还可以重新获得，而无形资本失去了就很难重新获得了。办事再困难也不能透支无形资本。

诸葛亮有一次与司马懿交锋，双方僵持数天，司马懿就是死守阵地，

不肯向蜀军发动进攻。诸葛亮为安全起见，派大将姜维、马岱把守险要关口，以防魏军突袭。

这天，长史杨仪到帐中禀报诸葛亮说："丞相上次规定士兵100天一换班，今已到期，不知是否……"诸葛亮说："当然，依规定行事，交班。"众士兵听到消息立即收拾行李，准备离开军营。忽然探子报魏军已杀到城下，蜀兵一时慌乱起来。

杨仪说："魏军来势凶猛，丞相是否把要换班的4万军兵留下，以退敌急用。"诸葛亮摆手说："不可。我们行军打仗，以信为本，让那些换班的士兵离开营房吧。"众士兵闻言感动不已，纷纷大喊："丞相如此爱护我们，我们无以报答丞相，决不离开丞相一步。"蜀兵人人振奋，群情激昂，奋勇杀敌。魏军一路溃散，败下阵来。

诸葛亮向来恪守原则，换班的日期来到，即毫不犹豫地交班，就是司马懿来攻城也不违反原则。以信为本，诚信待人，终于完成了他的杰作。

顾炎武曾以诗言志："生来一诺比黄金，那肯风尘负此心。"这表达了他坚守信用的态度。言必信，行必果。不但是对人的尊重，更是对己的尊重。

当朋友托我们给他办事时，我们能提供帮助是在情理之中。但是，办事要量力而行，不要做"言过其实"的许诺。因为，诺言能否兑现除了个人努力的问题，还有一个客观条件的因素。平时可以办到的事，由于客观环境变化了，一时又办不到，这种情形是常有的事。因此就需要我们在朋友面前不要轻率地许诺，更不能对明知办不到的事还打肿脸充胖子，在朋友面前逞能，许下"寡信"的"轻诺"。

当你无法兑现诺言时，不仅得不到朋友的信任，还会失去更多的朋友。

有一个年轻人在银行工作。他过去的老师想开一家公司，却缺少资金，便去问他能不能帮忙贷款。他想："这是老师第一次找自己帮忙，怎么能拒绝呢？"当即一口答应。可是，他毕竟刚参加工作不久，还没有拍板决定的资格，老师的贷款请求又不完全合乎规章；所以，当老师租好门面，请好员工，等着资金开业时，他这里却拿不出钱来，搞得情形很被动。老师大怒，责备他说："你这不是捉弄我吗？你即使不想帮我，也不该害我！"他无言以对，只能苦笑而已。

有些人是不好意思拒绝别人而向他人承诺，而有些人则喜欢胡乱吹嘘自己的能力，随随便便向别人夸下海口，承诺自己根本办不到的事情。结果不但事情没有办成，还破坏了自己与他人的感情。

某厂职工小方，经常向同事炫耀自己在市里的房管所有熟人，能办房产证，而且花钱少、办事快。开始人们还信以为真，有些急于办理房产证的同事便交钱相托。但时过多日，不见回音，问到小方，他总说："近来人家事儿太多，再等等。"拖得时间长了，同事们对他的办事能力产生怀疑，便向他要钱，他却找理由说："谋事在人，成事在天。懂不懂？你的事儿虽然没办成，可我该跑的跑了，该请的请了，你不能让我为你掏腰包吧？"言下之意，钱是不还了。

从此以后，小方的话再也没人信了，以至于人们在闲暇聊天时，只要小方往人群里一站，大伙好像有一种默契似的顿时缄默不语，继而纷纷散去。

既然许下诺言，无论刀山火海都不能反悔——你不能言而无信。所以，干脆不要轻易向人承诺——不轻易向人许诺你可能办不到的事——这是不失信于人的最好方法。

要获得守信的形象并不容易。最要紧的一条是：别答应你无法兑现的事。这不仅是一个主观上愿不愿意守信的问题，也是一个有无能力兑现的问题。一个人经常答应自己无力完成的事，当然会使别人一次又一次失望了。

一个商人临死前告诫自己的儿子："你要想在生意上成功，一定要记住两点：守信和聪明。"

"那么什么叫守信呢？"儿子焦急地问。

"如果你与别人签订了一份合同，而签字之后你才发现你将因为这份合同而倾家荡产，即使如此你也得照约履行。"

"那么什么叫聪明呢？"

"不要签订这份合同。"

将守信理解为一种品德，较难坚持。将它理解为一种回报率很高的长期投资，则比较容易变成一种自觉的行动。当你获得了一个守信用的形象时，也会获得越来越多人的信任，因而带来越来越多的机会。这就好似拥有了一座金矿。反之，缺此一条，别的方面再优秀，也难成大器。

7. 为别人挽回面子，也为自己争得里子

"面子"是许多中国人的观念中一个重要的概念。中国人不仅是一个重人情的民族，也是一个爱面子的民族，由于受到"面子"的影响，大多数中国人爱面子怕丢脸。

在人际交往中，注重给别人以面子，也是给自己以面子。中国人大多很重视面子，也总是去评价别人有没有面子。多数中国人总是希望自己比别人更有面子，在这种对于面子的追逐中，他们都努力使自己更有面子，其结果是大家都越来越重视面子，面子在社会中所发挥的作用也越来越大。中国人很讲面子，于是便有很多关于面子的俗语，如，"给谁一个面

子""看在某某的面子上""不看僧面看佛面"等等。那么，面子到底是什么呢？面子其实就是一种社会声望、社会名誉，人们通常把它视之为立足的根本。

做人不懂人情，就不会受人欢迎；做事不讲究一点策略，就很难把事情做得尽善尽美。这就需要我们在做人与做事的同时最好还要顾及其他人。无论你周围都是些什么人，都要给他人留足面子。俗话说：树要皮，人要脸。由此就足以看出人人都是有自尊心与虚荣心的。当你不给别人面子的时候，你就伤了他的自尊心，就满足不了他人的虚荣心。那么反过来想一想，以后，当你需要得到他的帮助的时候，他会帮助你吗？你既然不给他留面子，他还会顾及你的面子吗？

曾经有一位文化界的人士，每年都会参加某单位的杂志评鉴工作，此工作虽说报酬不多，但却是一项难得的荣誉。我们知道，只要能够得到某项荣誉，就会感觉自己很有面子，自尊心得到了维护，虚荣心也就得到了满足。当时也就因为此项荣誉，很多人想参加却找不到门路，也有人参加了一次或者两次，但再也没有机会了。至于这位文化界的人士，为什么年年有此"殊荣"？也有不少人问过同样的问题。他不再参加此项工作之后才公开了秘诀。

他说，他的专业眼光并不是关键，还强调说他的职位也不是重点，他之所以能年年被邀请，是因为他很会给"面子"。他说，他在公开的评审会议上一定把握一个原则：一少两多；何为一少两多呢？也就是说少批评而多鼓励、多称赞；但会议结束之后，他会找来杂志的编辑人员，私底下告诉他们编辑上的缺点。因此，虽然杂志有先后名次，但每个人都保住了面子。也就因为他总是顾虑到别人的面子，时刻想着给他人留下面子，因此承办该项业务的人员和各杂志社的编辑人员，大家都很尊敬他、喜欢他。一个受到尊敬与喜爱的人当然也就会有更多的机会。

在中国人的社会里，"面子"是一件很重要的事，为了"面子"的问题，有些人小则翻脸，大则有可能大打出手，有些人由朋友变为仇人等，像是这样的事件并不是没有出现过。如果你是一个只顾自己的"面子"，却不顾别人"面子"的人，那么你必有一天会吃亏。因为每个人都是一个独立的个体，有独特的思维方式和性格，与人相处时发生矛盾从而转为争执，这些都是极为平常的事情。关键是在这个时候，千万不可说话得理不饶人，给人留点面子，事后他也会感激于你的，如果我们都做到了这些，又有谁不愿与你交往下去呢？

事实上，给人"面子"并不难，也不关乎道德，我们都是在社会的人性丛林里生活，给人"面子"基本上就是一种互助，尤其是一些无关紧要的事，你更要会给人"面子"。人们常常说这么一句话：爱美之心人皆有之。由此引申出另一句话：虚荣之心人皆有之。提起虚荣心，大概都会异口同声地数说它的不好。然而，人总是有点虚荣心的，谁敢拍着胸脯说自己就没有一点虚荣心？也许有些人认识不到自己的虚荣，但这并不代表虚荣不存在，虚荣是存在于每个人的内心的，只不过有些人的虚荣心比较强，有些人的虚荣心没有那么强烈。人人都是虚荣的，人人都是要面子的。

仔细想来，无论古今中外，无论是草根还是精英，都摆脱不了虚荣二字。年轻人喜欢听别人夸奖少年老成，中年人爱听别人说成熟睿智，老年人爱听众人夸自己宝刀不老。姿色平平者喜听人说有风度，徐娘半老也求一句韵味十足。爱美之心人皆有之，顺耳之言人皆喜之。人人都有自尊心与虚荣心，希望自己的外貌、学识、地位等方面得到他人的肯定或承认。懂得人性规则的人善于利用别人的这份虚荣心，满足他人的自尊心，在交往中我们会听到智者说："你写的字真漂亮，你怎么会写这么漂亮的字，能教教我吗……""唉！等我到您这个年龄，能有您成就的一半就不错了……"当然，深谙人性的人知道在照顾他人自尊感的同时，自己也会得到意外的收获。

　　某公司业务部新来了一位主管，姓刘，人称"刘管"，这天，刘管第一次召集大家开全体会议，他很诚恳地要求大家以后多"建议"，并且说："如果发现我本人有缺点，也欢迎大家指正。"会议的现场鸦雀无声，没有一个人说话。没过多久，又召开第二次会议，刘管再次重复那些话，这次才到职两个多月的小周终于站起来提了一些工作上的建议，王主管当场表示"赞许"。他的行动好像是起到了示范作用，有几位同事相继发言。

　　自从这次之后，每次召开会议，小周都不放过提建议的好机会，除了工作上的建议外，他还针对王主管的个人言行，提出了一些诚恳的建议。大家都认为，小周不久一定就会"升官"。但事实完全不是这样，没过多久，经常提出诚恳建议的小周却被调去了一个闲差，从此再也没有机会在开会时提建议。

　　为什么会是这样的情况呢？不管基于什么心态，也不管你的意见是对是错，是好或是坏，一旦你主动给别人提出意见，你就侵犯了人性的"自我"！这是事实，我们生活在现实中，也必须承认这一点。所以说小周的行为，也就是在提出建议或展示自己时，自己的虚荣心可能会得到暂时的满足；但是"刘管"也是有虚荣心，小周似乎完全没有顾及这一点，因此为后来人际关系的发展制造了障碍。所以，我们不能只为了满足自己的虚荣心，而全然不顾他人的面子。我们必须承认，每个人都有一道最后的心理防线，一旦我们不给他人退路，总让别人下不来台，他们只有使出最后的一招——自卫。因此，当我们遇事待人时，应当谨记——满足他人的虚荣心，给别人留有足够的面子。

　　中国人最大的特点就是爱面子，这是非常奇妙的。我们可以吃闷亏，也可以吃明亏，就是吃不起丢面子的亏。所以我们必须要了解到这一点。这也是很多人不轻易在公开场合说一句批评别人的话的原因，他们宁可一顶顶地送"高帽子"给别人，既满足别人的虚荣，也为其争得面子。这样别人自然也会如法炮制，给你"面子"；彼此心照不宣，自会皆大欢喜。

我们在与人交往时，也应该学会这些为人处事的方式，既然人们都有虚荣心，那么就满足他们的虚荣心，给他人留下尊严，为他挽回"面子"，也为自己争得"里子"。

第 五 章

选择能让你"增值"的人去"麻烦"

◈

如果一个人使你开始走下坡路，那他就不是你理想的友伴，去结交那些使你发出更大亮光的人。无论何时，你都应记住，跟成功的人交往可以孕育成功，跟失败的人交往只能继续失败下去。

1. 往"比我们高"的人身边站

很多时候，大多数的穷人都只喜欢走穷亲戚，非常排斥与富人交往，所以圈子里绝大多数也只是穷人。久而久之，心态成了穷人的心态，思维成了穷人的思维，做出来的事也自然就是穷人的模式。

而相对于穷人来说，富人偏偏最喜欢结交那种对自己有帮助，能提升自己各种能力的朋友，他们不纯粹放任自己仅以个人喜好交朋友。在他们的眼里，只要是能够对自己有帮助的，而且实力在自己之上的，他们都绝对不会放过结交的机会。因为他们明白，只有这样，自己才能从他们身上学到成功的秘密，从他们那里获取更多有利于自己成长的东西。

谢方瑜是一名普通的办公室文员，她来自一个蓝领家庭，平时不怎么喜欢结交朋友。偶尔和她经常在一起的几个朋友，也同她一样，都是一些为了生活而到处奔波的打工者。为此，谢方瑜时常郁闷，为什么自己和朋友就永远都只能做一个打工者呢？

在谢方瑜的公司里，和她一个部门的田丽丽是一位很优秀的经理助理，而且拥有许多非常赚钱的商业渠道。她生长在富裕家庭中，而且她的同学和朋友都是有专长的社会精英。相比之下，谢方瑜与田丽丽的世界根本就是天壤之别，所以在工作业绩上也无法相比。

因为刚来公司不久，谢方瑜不知道该如何与来自不同背景的人打交道，所以少有人缘。一个偶然的机会，谢方瑜参加了某项职业能力提升培训，她才得知，原来自己之所以一直这样"默默无名"，与自己所结交的人和事有很大的关系。

她回家后仔细地分析了一下，因为平时和那些姐妹们在一起不是抱怨生活，就是抱怨自己的命运有多么坎坷。而且通常那些朋友也和她一样，常常为了一点事情就沮丧不已。真正出了什么事情，彼此之间却因为能力有限而帮助不了对方。

从那以后，她开始有意识地在公司多和田丽丽联系，并且和田丽丽建立了良好的私人关系。私下里，她通过田丽丽认识了许多大人物，在事业上也开启了新的篇章。

的确，朋友之间的相互影响，会有潜移默化的作用。也许你今天胸怀壮志，准备干一番大事业，但是你的朋友却渴望安逸、平静的生活，于是在他的影响下，你的这番心思也渐渐地被淡化。慢慢地，就如同过往尘烟，一吹即散了。

也许，很多人会说，如果带着这种"有色眼镜"去看人，未免有点太不地道。其实不然，如果你平常只知结交一些一无是处的朋友，而他们又只会接受你给他的帮忙，在你处于困境时，却因为自身能力有限无法帮助你什么，那么你等待的结果也只能是失败。所谓"近朱者赤，近墨者黑"，如果一个人总是在一些小圈子里面混，那么将永无出头之日。

成功是一个磁场，失败也是。一个人生活的环境，对他树立理想和取得成就有着重要的影响。周围的环境是愉快的还是不和谐的，身边有没有贵人经常激励你，这都关系到你的前途。

所以，我们要想"抬高"自己价值，就必须往"比我们高"的人身边站。

2. 要有主动"寻贵"的精神

当人们在谈论被称为"股神"的巴菲特时，常常对他独特的眼光、独到的价值理念和不败的投资经历津津乐道。其实，除了投资天分外，巴菲特很早就知道去寻找能对自己有帮助的人，这也是他的过人之处。巴菲特原本在宾夕法尼亚大学攻读财务和商业管理，在得知两位著名的证券分析师——本杰明·格雷厄姆和戴维·多德任教于哥伦比亚商学院后，他辗转来到哥大，成为"金融教父"本杰明·格雷厄姆的得意门生。

大学毕业后，为了继续跟随格雷厄姆学习投资，巴菲特甚至愿意不拿报酬为其当助手；直到巴菲特将老师的投资精髓学到后，他才出道开办了自己的投资公司。

2003年上半年，江南春倾其10年所有，在某高档写字楼里安装了价值2000万的液晶显示屏后，却没有盼来预期的源源不断的广告客户。就在江南春身处每天都在赔钱的巨大压力时，同在一层楼办公的软银上海代表处首席代表余蔚却意外地"召见"了他。经过一次深刻的交谈，一周之后，余蔚拨给江南春第一笔风险投资——50万美元。这笔钱虽然与日后数千万美元的投资相比，显得微不足道，但它却帮助江南春摆脱了困境。很多人想，江南春的贵人是撞大运撞来的。其实不是，余蔚之所以愿意相助，是因为他早就发现，江南春非常勤奋，他几乎没有休息日，常常从早晨8点工作到晚上12点，每次在电梯里碰到，这个年轻人手里也总拿着笔记本和策划书。

要有主动寻找贵人的智慧，更要具备使贵人愿意相助的才能。想要通往财富之路的你，学学这些企业家的"寻贵"精神吧！

但在接触和寻找的过程中，要遵守以下原则。

（1）放下自卑，主动出击

放下自己的那点自卑，主动去接近更优秀的人吧！他们是成功者，是有权势的人，也可能是身价百万的富翁，但是不管身份如何，没有人会拒绝对他有好感的人；就算是再普通的人，只要礼仪周到、不卑不亢，有自己的风格，有独立的人格，他们一样喜欢结交。他们比普通人更需要真诚的朋友，因为他们已经在生活和工作中有足够的谄媚讨好者了，所以你不必谄媚讨好，只要有最起码的尊重和礼貌，有对对方最真诚的认可和崇拜，你们就一定会有不错的交流和交往。

（2）积极参与社交

如果我们每天只活在既定的圈子里，那么你这个圈子里的优秀之人肯定是寥寥无几的。只有拓宽交往渠道，积极参与社交活动，你才有更多的机会去认识、结交可以帮助自己的人，获得帮助。

当然，很多人说，面对一些陌生的面孔，心里会很紧张，而且在那种场合往往觉得自己很卑微。在陌生的环境中，不舒适的感觉当然会有，但是所谓一回生两回熟；只要打起精神来，度过你的恐惧期，你一定会成为新的社交圈里的常客。

3. 结交成功者，从他们的身边人入手

每个人都有处于危难的时候，难免要去求人办事，但求人办事并不是一件容易的事情；如果没有任何关系，很可能就会遭到别人拒绝，但是如果能够利用他身边的人对自己进行引荐的话，那就是另一回事了。

香港首富李嘉诚在生意场上也是深谙此道。

李嘉诚早年推销过白铁桶，当时，有一家刚落成的旅馆正准备开张，这是推销铁桶的大好时机。李嘉诚却并不急于去见老板，而是先与旅馆的一个职员交上朋友，然后假装漫不经心地从那个职员口中套知老板的有关情况，以选择突破口。那个职员谈到老板有一个儿子，非常喜欢看赛马，老板很疼爱他，很想带他去看，但旅馆开张在即，千头万绪，根本抽不出时间陪儿子。于是，李嘉诚让这个职员搭桥，自掏腰包带老板的儿子去跑马地快活谷马场看赛马，结果令老板的儿子喜出望外。李嘉诚的举动使老板十分感动，最终同意从李嘉诚手中买下380只铁桶。

求人办事，并不是总在熟人间进行，贸然前行很可能会无功而返。也不要因此就觉得不可能求人办事，而是要主动寻找对方身边的人作为突破口，这些人自然比所求之人易接近得多，而地位又比自己重要得多，这样一来，事情就好办多了。

在接近成功者的身边人时，最好要注意以下几点。

(1) 掌握成功者身边人的心理，让他们不排斥你的接近

比如说，老年人见多识广、阅历丰富，精神仓库里贮藏有大量感性或理性的"经验产品"，一有机会，他们总乐于滔滔倾诉，希望能影响、感动后人。事实上，老人长年待在家中，这种倾诉故事、传授经验的机会非常少，因此，老人的生理、心理便表现出极大限度的和善、平易。尤其对年轻人，他们总乐于主动招呼、热情交谈。小孩子天真无邪，若你真诚地以童心相待，带给小孩新奇欢乐，小孩会立刻把你当作"快活大王"或"英雄人物"而崇拜、亲近。所以，只要你掌握了他们的这种心理，和他们打成一片，就不难获得他们的支持了。

(2) 最好能达到使仰慕之人全家更加和睦融洽的目的

老人是长者，而中国人有敬老、尊老、孝老的传统。假如老人心旷神怡，全家人便会随之活跃和愉快。那些成功之人的伴侣是他生命的重要组

成部分，对他们的影响也很大。

如果你的某种行为和努力使其家人能够更愉快地生活，或者解决了某方面的问题，他一定会十分感激你，并希望能够对你有所回报，这样就很容易获得你期待的帮助了。

4. 求人办事要相互 "借光"

中国人重人情、讲面子，"滴水之恩必以涌泉相报"。聪明人善于运用这一战术，"糖衣炮弹"一出手，往往一发即中，百试百灵。作家启斯·法拉利在自己的畅销书《别独自用餐》中探索出了结交贵人之道——别急着问别人能为我们做什么，先问问自己能为别人做什么。能领悟和运用这一点的人，就会成为无往不胜、所向披靡的办事高手，贵人在他的生命中的作用也会发挥得淋漓尽致。

法国皇帝路易十四当政期间，挥金如土，穷奢极欲，出现了严重的财政危机。路易十四为满足其挥霍享用的需要，便向银行家贝尔纳尔借钱。

这可不是件容易的事。贝尔纳尔早已风闻此事，曾当众扬言不会用钱去填皇室的无底洞，傲气十足。钱要借，国王也不能卑躬屈膝吧？路易十四左思右想，设下一计：先令财政总监德马雷在家中设宴款待贝尔纳尔，然后他再假装不知情，突然到访。

德马雷看见国王，急忙上前行礼。路易十四满面笑容，故作惊讶地看着他们说："啊！财政总监先生，我很高兴看到你和贝尔纳尔先生。"他又转向后者说："贝尔纳尔先生，你从来没有见过马尔利宫吧，我带你去看看。"

这是贝尔纳尔没有意想到的事，他感到非常幸福和荣幸。贝尔纳尔跟在国王身后到养鱼池、饮水槽、塔朗特小森林和葡萄架搭成的绿廊等处游玩了一遍。

国王一边请贝尔纳尔观赏，一边滔滔不绝地说些为了达到某种目的惯用的漂亮话。路易十四的随从们知道他一向少言寡语，看到他如此讨好贝尔纳尔都感到惊讶不已。

游玩之后，贝尔纳尔极度兴奋地回到财政总监的家中。他赞叹国王待他的真情厚意，说他甘愿冒破产的危险也不愿让这位优雅的国王陷入困境。听了这番话，德马雷趁着贝尔纳尔心醉神迷的时候，提出了向他借600万里佛尔的要求，贝尔纳尔欣然应允了。

这600万里佛尔可不是一笔小数目，路易十四能如愿以偿，当然靠的是他皇帝的面子，但也与他的"钓人"策略有很大关系。宴请、陪同游玩、热情招待都不过是些诱饵，等到银行家陶醉其中，忘乎所以的时候，立即提出要求，结果一举奏效，达到了目的。

换而言之，求人办事要学会相互"借光"。在希望得到别人帮助的时候，先问自己一句："我能为他做些什么？"先帮他人一个忙，事情就好办多了，这就是中国人常说的"吃人的嘴软"，一旦接受了人家的好处，占了人家的便宜，再拒绝起人家的请求来，就不那么好意思开口了。

总的来说，"帮他人一个忙"的策略就是"欲求先予"：对欲取得的目标隐藏不露，且在未露之前投其所好，让对方先尝到甜头，待对方高兴了，再顺势把自己欲取的目标提出来。那些成功者也有需要别人帮忙的时候，比如他们总会遇到有紧急需要但又分不开身的时候，当你站出来帮他解决一些让人头疼的小事时，他会对你很感激。或者他们碍于身份或面子等方面的限制不便出面的事情，你也可以帮其"排忧解难"。

5. 运用策略向上司提供信息

大凡有见识的下属都一定知道向领导"灌输思想"的重要性。领导一旦接受了你的某种观点，你的种种想法便得以实现，这时你有可能已经成为领导不可或缺的左膀右臂，你将发挥着巨大的甚至是无可替代的影响力。

西方葡萄酒业巨头——卡尔森公司前行政副总经理罗伯特·加里说："我发现，下级使自己受到重用和被赏识的最好办法是挖掘信息，即那些与正在被考虑的建议有关的资料和事实，以及对上司欣赏的观点表示出兴趣和赞赏，还有就是要提出新的方案。"他补充说，"没有什么比有助于上司做出更好决策的信息更令人欣赏的了。"

你提供的信息只有尽可能地客观才会有用，这并不意味着信息来源只能局限在计算机的打印结果和其他种类的数字数据上，从报纸和商业杂志中切下来的数据当然也包括在内，甚至是在小饭店中听到的轶事和闲谈有时对你上司来说也会有价值的。

你提供的信息也应该是全面的，这并不意味着提供的信息必须包含每一个细节，而是要包括或考虑到有关问题所有方面，否则就难以准确地把握问题的实质，反过来又导致错误的行动。如果你缺少一些重要的数据，但又感到应该提供你已经掌握的数据，这时就应该告诉上司你还缺少什么信息和你正在采取什么步骤来获得它们。

正如加里所指出的那样，信息为提建议提供了最好的基础。事实上，信息经常能代替建议。你常常会发现让上司做一件事情的最好途径是向他提供足够的正确的信息，这种信息可能会很好地引导他给自己提出建议，不要担心这种方法会失去在你自己建议的情况下可能会受到的称赞，如果有什么区别，那就是他很可能更加赏识你，因为，他成了一个自己能做决策的上司，而你又证实了他对你的关怀。

在整个二次大战期间，斯大林在军事上最倚重的人有两个，一个是军事天才朱可夫，一个则是苏军大本营的总参谋长华西里耶夫斯基。

众所周知，斯大林在晚年逐渐变得独裁，"唯我独尊"的个性使他不能允许世界上有人比他更高明，更难以接受下属的不同意见。在二战期间，斯大林的这种过分的"自我尊严"感曾使红军大吃苦头，遭到本可避免的巨大损失和重创。一度提出正确建议的朱可夫也被斯大林一怒之下赶出了大本营，但有一人例外，他就是华西里耶夫斯基，他往往能使斯大林在不知不觉中采纳他的正确的作战计划，从而发挥着杰出的作用。

华西里耶夫斯基的进言妙招之一便是潜移默化地在休息中施加影响。在斯大林的办公室里，华西里耶夫斯基喜欢同斯大林谈天说地地"闲聊"，并且往往还会"不经意"地"顺便"说说军事问题，既非郑重其事地大谈特谈，讲的内容也不是头头是道。但奇妙的是，等华西里耶夫斯基走后，斯大林往往会想到一个好计划。过不了多久，斯大林就会在军事会议上宣布这一计划。于是大家都纷纷称赞斯大林的深谋远虑，但只有斯大林和华西里耶夫斯基心里最清楚，谁是真正的发起者。

正是在这些闲聊中，华西里耶夫斯基用自己的思想启发了斯大林的思想，以至于斯大林本人也认为这些好主意都是他自己想出来的。但不管怎样，从效果上看，华西里耶夫斯基达到了他的目的，使他的建议能够被斯大林所采纳，并成为斯大林最为倚重的人之一。

当然，有些问题是应该由上司来处理的。事实上，如果这些问题不让他来处理的话，他会很恼火。因为，这些涉及权力或会产生纠葛的事情是与你不相干的。当然，也有些问题在你的职责范围之内，而你又非常希望得到他的帮助，当你真的要向上司提出这种问题时，你最好向他征求意见，而不要恳求解决方法。

与其说"某某公司不愿付最后一笔贷款"，然后等他说应该怎么办，你还不如说"我没有办法让某某公司支付最后一笔贷款。如果您有什么建议的话，我将十分感谢。"这种方法能诱使上司做出积极的反应，因为你不是要他承担责任，只是想获得他的知识和专长罢了。但是，这种方法也有其局限性，因为，如果你连续不断地向上司提出建议，他很快会感到厌倦，而且，他很可能也会对你感到不耐烦。

所以，如果问题确实是你自己的，那么，最好的办法是将它留给你自己，并且你自己去解决它。

6. 尊重每一个与你业务有关的人

在这个社会里，要想工作顺利，一个人必须广交圈内人士。在你为了业务奔波忙碌时，必然会遇见许多与你业务有关的人。这些人，有的你只知道他的姓名，有的甚至连姓名都不知道，你跟他见面时，也不过说两三句有关业务的话，甚至于有时你只是跟他点一点头。

例如，你经常到某大厦去接洽事务，经常遇见那个大厦的保安师傅；或是你到货仓去提货，经常遇见那个货仓的守门人；或是你经常到某银行存款，经常遇见那个柜台后面的出纳员等诸如此类人员，你不知他姓甚名谁，是何方人氏，但他们或多或少地都与你的业务有点关系。你怎样对待这些人呢？你用什么态度和他们打招呼？这是一个很微妙的也是一个很实际的问题。

你是把他们当作一个机器配件，根本不把他们当作跟你一样的人，是神气活现作威作福，大摆你的架子，还是对他谦恭有礼、和蔼亲切，把他们当作你的朋友呢？

有许多人为了谋生出来工作，待遇很少，工作既辛苦又枯燥繁重，平常已经是受累受气而心烦意乱，如果你对他们神气活现，或是不理不睬，那他们对你也不会有什么好感；办起事来，也只顾他们自己的方便，不愿你方便。换句话说，如果你的态度不好，那么就会到处碰到不方便。但是如果你也把他们当作朋友看待，对他们有适当的尊敬与关怀，他们即使不知你的姓名，但一看见你的面容，听到你的声调就已经有了好感，这时，他们就像吸进一股清风，精神为之一振。既然他们对你印象很好，那么，他们就好像本能一样，除了自己的方便之外，也会兼顾到你的方便。保安师博会经常问候你，货仓的守门人会替你找搬运工友。银行、保险公司、邮局、物业公司的职员们，都会在你需要的时候，给你或大或小的方便。

事实上，如果你能够结交较多业务上的朋友，有许多业务可以很迅速地顺利办妥，不但会省掉许多手续上的麻烦，还可以避免许多不必要的损失。对于这些业务上的朋友，除了我们对他们保持很有礼貌、很亲切的态度之外，我们还应该在业务上尽量帮助他们。那就是说，我们也要尽量给别人方便。业务上总是有来有往的，别人既然给我们许多方便，我们也应该给别人许多方便，办起事情来不要让别人久等，不让别人吃亏。大家都在互助互利的友谊气氛中，事情自然会很快办妥。

对于关系比较密切的业务上的朋友，我们除了业务上的接触之外，还要安排一些私人间的接触机会，使双方在业余时间可以轻松随便地说说笑笑，说不定在说说笑笑之间又可以解决许多业务上的问题。但这些业务上的朋友，毕竟跟我们私人间的朋友有点不同。固然有许多在业务上认识的朋友到后来发展成我们的知交，但社会复杂，有许多业务上的朋友，我们只应跟他们在业务上保持联系，除了业务不提其他。至于有些人借口业务上有联系，跟着某些人跑到不正当的娱乐场所里鬼混，那更是我们应该绝对避免的。

7. 善于向别人传递你的"可利用价值"

善于交际的人更容易成功。衡量一个人人际交往能力强不强，看他的交际圈就知道了。

如果他交际甚广，在不同层面、不同行业都有关系不错的朋友，且年龄层横跨60后、70后、80后，则说明他的人际交往能力超强。反之，如果朋友"大都局限在业内，死党无非就是那些同学加同事外加同行"，则说明其朋友圈比较单一，社交范围也相对较窄。

此外，你交往的朋友还能侧面反映你的身价和人际交往能力。如果一个人身边的朋友大都优秀出色，比他强的大有人在，则证明他的实力和人际交往能力不错。如果身边的朋友混得还不如他，则可能存在"选择性交往"的心理倾向，即习惯选择自己的交往舒适区——选择与自己水平相仿或实力较弱的人交往，对强者（大人物）存在心理畏惧和敬而远之的心态，这往往也是小人物的交往心理；这种消极体验只会加深他与大人物打交道的"恐惧感"。

在如今这个商业社会，任何一个职业人都无法闭门造车，是否善于和比自己强或不喜欢的人交往，是否善于在一个不喜欢的环境中折腾，这是衡量一个人社交成熟度的标志。

（1）发掘你的独特价值。

俞敏洪曾说，很少人能和与自己地位相差太远的人建立真正的人脉关系。不过没必要太悲观，小人物与大人物的交往，就算不是真正的朋友关系，达成商业合作关系也是双赢的开始。前提是小人物也能为大人物提供独特的价值。

这里的"价值"，换个更贴切的说法就是"被利用价值"，你越有用，你就越容易建立坚强的人脉关系。如同建立个人品牌一样，与其匆忙花费精力漫无目的地认识朋友，不如事先确定好自己的价值定位，然后针对目标顾客有针对性地传播。比如，李令彬任吉林出版社图书编辑时，他善于发掘好的作者，策划好的图书；而深圳驿泉的郑瑞端则拥有出色的沟通协调能力；萧强身为媒体记者，交游甚广，视角独特也善于用笔杆子为人解决问题。

和他们一样，任何一个小人物都有自己的独特价值。"我的优势在哪里？我有哪些独特价值？"这都是与大人物打交道的敲门砖。

(2) 巧妙传递你的价值。

在人际交往中，要善于向别人传递你的"可利用价值"，从而促成交往机会，彼此更深入地了解和信任对方。无论是网络"弱连接"还是日常交往来看，大多数人是在几秒钟或1分钟之内就判断和你交往是否有价值，甚至决定是否要与你交往。

在与大人物打交道过程中，只要保持平常心，尊重自己的价值，并巧妙传递，终究会找到交集。

(3) 成为人际关系里的"搜索引擎"。

俗话说"大家都很忙"——这固然没错，但用人脉关系来说，就是一种"沉淀资源"，没有产生应有的效益。

如果平时注意积累，你会发现身边也有很多朋友各有自己的价值，那么为什么不把他们联系起来，彼此传递更多的价值呢？

如果你只是接受或发出信息的一个终点，那么人际关系产生的价值是有限的；但是，如果你能成为人际中的搜索引擎，那么别的朋友甚至是大人物也都乐意与你交往，你也能促成更多的机会，从而巩固和扩大自己的人脉关系。从此，大人物也不再遥不可及了。

8. 热情可以最大限度地打动别人

热情可以激发你的最大潜能。查尔斯曾说："一个人，当他有无限热情时，就可以成就任何事情。"当你被欲望控制时，你是渺小的；当你被热情激发时，你是伟大的。托尔斯泰也曾说过："一个人若是没有热忱，他将一事无成。"在人与人的交往中也是这样，热情是一种人与人之间的黏合剂。

在我们每天的生活中你都会和陌生人接触，给人留下了好的印象之后，有些场合就需要你主动热情地与人交流了。在你出席一个聚会或者是其他场合的时候，你只有表现出热情才更容易结交新朋友，才会更快地与别人打成一片。

绝大多数人都喜欢和热情的人交流，因为大家在不熟悉的情况下，都害怕被拒绝——那是很没有面子的事情。保持你的热情，拿出微笑，别人就会少很多陌生感。心理学家经过调查发现，面带微笑会让别人感到愉悦，并且拉近陌生人之间的距离。而且如果你主动热情地找到了话题，大家可以顺着话题说下去，而不必再去费尽心思地找合适的话题了。

首先，要让别人看到你的主动，感受你的温暖。这时你就会赢得信任，和别人的交流就容易了。

大家都知道和陌生人打交道最多的莫过于推销员了，吃闭门羹是经常有的事情，如果有好的交流能够让大家满意，那么这个推销员就是成功的。

一位推销员讲过他自己的故事。

那是2015年的一天，一对老夫妇来到柜台前，我马上上前打招呼：

"您好。"看看热水器，老夫妇俩说想购买一台电热水器，不知该购买进口的还是国产的。我仔细揣摩用户的心理，问他们想选多大容积的，他们说不清楚。我说这样我给您推荐一款康泉热水器，当他们问康泉热水器是哪生产的，我告诉他们是浙江生产的。他们有些犹豫，我就耐心细致地介绍康泉是国内最早生产热水器的厂家也是最专业的生产厂家，与其他品牌热水器的不同之处在于它是双管两端加热，它的内胆是不锈钢加全瓷的，还有磁化器装置等。经过我耐心细致的介绍，夫妇俩对康泉热水器有了好感，可当时并没有购买，而是说再转一转，我说好的。没过几天夫妇俩又来到了柜台前，我又细致地介绍一遍，夫妇俩特别满意地说："不用再介绍了，我们到过其他商场，他们介绍得可没有你这样详细热情，所以还是到你这里来购买了；我还要给你去向别人推荐，让他们也到你这里来购买。"

毋庸置疑，这个人是成功的。他的主动热情打动了别人：因为有同样的产品可以买，可是这对夫妇选择折回来买他的。在此就可以看出来，这位推销员的热情感染了别人，让别人觉得这个人好，卖的东西实在。这就是一次成功的交流。试想，如果顾客问一句你才答一句那结果会是什么样子呢？

其实热情很简单，你的一个善意的眼神，一个美丽的微笑都让人温暖。当别人需要帮助的时候主动帮忙；当过道狭窄，你微笑让道；当你看见心仪的对象时，主动上前搭话，等等。如果你一脸冷漠，那么你传达给别人的信息就是你这个人很冷漠，不愿意与人交往，渐渐也就不会有人愿意来和你说话了，大家都怕碰钉子。

其次，人与人的交往是双方的，互动的。主动向别人介绍自己就可以得到大家的响应。

在某次博物馆的单身者郊游活动中，37岁的旅行社代理人贝丝看上了其中一位团友尼尔，一位35岁的英俊飞行员。贝丝通常觉得像尼尔这种长得很好看的男人不会给女人安全感，但她还是决定依靠恋爱类型的接触技巧来安排第一次相遇。

她一面享受着在博物馆的时光，同时不忘在尼尔每次经过她时，给他一个短促的眼神交流。当尼尔第三次经过她身旁时，贝丝决定采取行动了。尼尔一动不动地看着一幅毕加索的画作，贝丝匆匆地走过他身旁并且回头轻声地说："我觉得毕加索这部作品比其他的都好。"不等待他有任何回应，贝丝继续走向另一个展览厅。

"抱歉，请问你是艺术学系的学生吗？"尼尔紧张地问道，一面尝试阻止她离去。他其实一整天都在观察贝丝，他被这位神秘的女士所迷惑了。"如果我遇到一位好老师，我想我会是。"贝丝带着淘气的笑容回答。令人惊喜的是，当贝丝和尼尔一起共度下午剩余的时间时，她发现他竟然是一个很好的老师。他带领她欣赏艺术作品，之后他们又一起共进晚餐，享受着在一起的时光。

再次，熟悉能增加人际吸引的程度。

如果其他条件大致相当，人们会喜欢与自己邻近的人交往。处于物理空间距离较近的人，见面机会较多，容易熟悉，产生吸引力，彼此的心理空间就容易接近。常常见面也便于彼此了解，促进相互喜欢，我们经常说"远亲不如近邻"，是因为我们和邻居接触多，而与相隔较远的亲戚接触少。接触得多的人，我们会有一种亲密感，而接触得少的人，我们会感觉到生疏。

所以，生活中经常出现一些"近水楼台先得月"的事情。这个现象，在心理学上被叫作"邻里效应"。

心理学家曾做过一个关于"邻里效应"的实验。

20世纪50年代，美国社会心理学家对麻省理工学院17栋已婚学生的住宅楼进行了调查。这是些二层楼房，每层有5个单元住房。住户住到哪一个单元，纯属偶然，哪个单元的老住户搬走了，新住户就搬进去，因此具有随机性。调查时，所有住户的主人都被问道：在这个居住区中，和你经常打交道的最亲近的邻居是谁？统计结果表明，居住距离越近的人，交往次数越多，关系越亲密。在同一层楼中，和隔壁的邻居交往的概率是41%，和隔一户的邻居交往的概率是22%，和隔三户的邻居交往的概率只有10%。多隔几户，实际距离增加不了多少，但是亲密程度却有很大不同。

可见，与人交往得越多，你们的关系就越亲密。因此，有个心理学家开过这样一个玩笑，他说，如果你想追一个女孩子，千万不要每天都给她写信，因为她有可能因此而爱上邮差。

因此，我们要想与人建立亲密关系，需要主动与人多接触，多联系。每与人多接触一次，他人对你的印象就更深一点。

对于现在的很多年轻人来说，或许懂得这个道理，但是困难的是，他们不知道如何主动跟人联系、如何主动与人保持联系。也有很多年轻人委屈地说："我不是不友善，我只是太害羞了！"或"我很好相处，只是不好意思找你！"的确，"害羞""不好意思"，都是我们与别人沟通的"心理障碍"，我们一定要把它除去。

无论是与邻居间，还是朋友间、客户间，平时的联系都非常重要。建立"关系"最基本的原则就是：不要与别人失去联络，不要等到有麻烦时才想到别人。"关系"就像一把刀，常常磨才不会生锈。若半年以上不联系，就会变得生疏。所以主动联系显得十分重要。试着经常打电话，有空的时候发一个微信，休闲的时候发一则问候的短信，这都是简单有效的方法。

第六章

成功的社交，就是用"心"去面对

◈

　　请你记住：成功的人同时是一个优秀的心理学家，仅仅知道对方怎么想就够了吗？不，完全不够，我们要利用自己的身体语言和心理战术影响对方的思维和心理！

1. 以退为进，互惠互利

"当别人与你产生分歧时，你可以先说'亲爱的，你是对的'，而后抓住机会驳斥对方，这种策略就是以退为进。"

兵法中有一招是以退为进，作战如治水一样，须避开强敌的锋芒，就如疏导水流；对弱敌进攻其弱点，就如筑堤堵流。退是策略，进才是目的，这在营销活动中运用得很广。

某电气公司营销员何军，想去客户处再推销一批新型发动机。谁知，才到一家公司，该公司的总工程师劈头就是一句："你还指望我们买你们的发动机？"

一了解，原来总工程师认为他们公司的发动机发热超标，因为发动机用手一摸非常烫手。何军不知道详情，就退让一步道："先生，我的意见和你相同，若发动机发热过高，别说买，还应该退货！""当然。"总工程师语气缓和多了。何军乘机问道："按标准，发动机的温度要比室内高出70°F时，对吗？"总工程师答道："但你们的温度已经超出这个温度。"何军反问："车间温度是多少？"当听说也是70°F时，何军说："发动机温度正应该是140°F啊，如果用手触摸势必会烫伤的！"总工程师点头称是，何军立即补充说："今后可不要用手去摸发动机了。请放心！那是完全正常的温度。"结果，何军又做成了第二笔买卖。

营销员何军先让一步，同意对方看法，然后从具体数字入手进行反击，一举成功。

以退为进，这是一种大智慧。这个技巧如果运用得好，能让营销人员受益匪浅。

被誉为"日本绳索大王"的岛村宁次在几年前还是一个穷光蛋，他的成功就是有赖于以退为进的"原价销售法"。其主要原则就是开始时吃亏，而后占大便宜。

首先，他在麻绳产地将5角钱一条的长45厘米的麻绳大量地买进来，又照原价一条5角钱卖给东京一带的纸袋工厂。完全无利润甚至赔本的生意做了一年之后，"岛村宁次的绳索真便宜"让他名扬四方，订货单从各地像雪片般源源而来。于是，岛村又按部就班地采取了第二步行动，他拿着购物数据对订货客户说："到现在为止，我是1分钱也没有赚你们的，但如若长此下去，我只有破产的一条路了。"他的诚实感动了客户，客户心甘情愿地把货价提高到5角5分钱。

与此同时，他又对供货商说："你卖给我5角钱一条的麻绳，我是原价卖出的，照此才有了这么多的订货。这种无利而赔本的生意，我是不能再做下去了。"厂商看到他给客户开的收据发票，大吃一惊——他还是头一次遇到这种甘愿不赚钱的生意人。厂商感动不已，于是一口答应以后每条绳索以4角5分钱的价格供应。

这样两头一交涉，一条绳索就赚了1角钱。根据他当时一年的订货单，利润相当可观。几年后，岛村从一个穷光蛋摇身一变成为日本绳索大王。

经商的目的就是为了赚钱，其要旨则是用最短的时间赚到最多的钱。然而岛村却反其道而行之，以赔钱的"原价销售法"开始了他的绳索经营事业，从他的巨大成功来看，这一经营战略确实奏效。

秉承同样的理念日本人松本清创造了"牺牲商法"，他将当年售价为200日元的膏药以80日元的低价卖出。膏药卖得越多，亏损就越大，但整个药店的经营却有了很大起色。因为，买膏药的顾客大都还要买其他药品，而其他药品却是不让利的。松本清的做法使消费者对药店产生了一种信赖感，于是药店的生意越来越红火。

想赚先"赔"，未盈先"亏"，适当付出点代价，牺牲点利益，取得消费者的信任后，经营效果就会好得多。他们也想赚钱，但他们却先做赔钱的事情，这才是精明的博弈者。假如你想要从客户身上获取某种要求，那就选择在你给对方做出让步的时候提出，这是最佳的时机。

人们习惯于尽自己的所能，报答他人为自己所做的一切。心理学上将这种现象称为互惠原则。

在谈判中，如果双方相持不下而形成僵局，一旦有一方压低姿态，就隐含了这样一种强烈的暗示："我都让步了，你也应该退一步才好吧！"这时候，对方一般会很有默契地降低条件，以形成双方共识，进而达成交易。

小康是一家大型国企的管理人员。有一次，公司派他去邀请一位知名的企业管理专家来公司授课。由于这是公司内部高层临时决定的，时间也有些紧，接到这个任务后，小康并没有太大把握，因为对方是个名家，平常的授课、演讲非常多，不一定能临时排出档期来。

果然，小康登门拜访，表明来意之后，对方便面露难色，但又不想失去授课的机会，所以，他就试探性地问小康："请问，贵公司的课程能否再重新安排一个日子？"

"老师，这个日期是公司董事会临时决定的，没法做调整啊。如果您实在挪不出时间，我们只好请别的专家了，但董事会对您慕名已久，特别交代我，无论如何一定要把您请到，所以除非万不得已，我还是希望您能来！"

那位专家一听，高兴地点了点头，当场让秘书打电话，联络另一家活动撞期的公司，看看对方是否可以调整上课的日期。几分钟后，那位专家告诉小康："现在一下子联络不到那家公司的负责人。不过，如果我现在答应按照约定日期到贵公司上课，你是否能代表公司与我今天就签订协议？至于另一家公司的档期，我另行处理，你不必担心，但价钱要在原来的基础上加两成。"

小康当场就同意了，并依照对方的条件签订付了款。这样，他的任务是完成了，但费用却超出了预算。

从心理博弈的角度来看，无疑是那位培训专家成功地运用了互惠心理策略，从而为自己赢得了更多的利益。

2. 故意示弱，拉近彼此的距离

主动示弱者，在某种意义上说也是人生在世的一种姿态。如今的很多人都爱表现出强者风范，但往往碰得头破血流；而会适当示弱的人，则更容易被接受。所以，做人做事，如果能适时地示弱，有时可能会成为赢家。世上没有风平浪静的海，也没有一帆风顺的路，我们每个人都会遇到困难和挫折，既然避免不了，就不要太在意，也不要总是放在心上。有时候，既然不能硬碰硬，那就学会主动示弱，淡然处事。

某地有一座砖瓦窑，窑主规定每个窑工每个月必须制成1万片瓦坯，完不成的只能拿一半的工钱，超过1万片则按数量计发奖金。

一天，窑主新招了一个工匠小陆，他到窑厂操作了两天，每天制瓦坯600片，且质量上乘。老板非常高兴，表扬了他。小陆就得意地说："每天800片我都没问题，这奖金我拿定了。"

收工时，小陆感到有一道道愤恨的目光向他射来。当他到食堂吃饭的时候，发现自己的碗筷再一次被别人扔在一旁。这一下，小陆知道自己遭到了大多数人的妒忌。

第三天，小陆有意放慢了速度，制瓦坯的数量和一般工人接近。老板再来检查时，小陆恳切地说："老板啊，我们在砖窑干活又脏又累，做了9999片瓦坯还只能拿一半工资，有点不合理……"老板考虑了一下，觉得他说的也有道理，就取消了这项工资制度。

小陆还积极接近工友们，教他们提高工效的办法，使大家都能达到定额。此后，工友们都不再妒忌他，还佩服、尊敬他。

小陆曾因锋芒毕露得罪了工友，之后他及时调整自己，不再过多展露自己的才能，而是关心大家的利益，提出建议并帮助工友提高工效，最后老板满意，工友高兴，自己也获得了尊敬。

其实，人大都具有一种妒忌的心理，而示弱能使处境不如自己的人保持心态平衡，有利于人际交往。毕竟，一个人在这方面突出，在另一方面就难免有弱点。所以在社交中，就不妨选择自己"弱"的一面，削弱自己过于咄咄逼人的成绩，让别人放松警惕。

曾有一位记者去拜访一位企业家，目的是要获得有关他的一些负面资料。然而，还来不及寒暄，这位企业家就对想质问他的记者说："时间还早得很，我们可以慢慢谈。"记者对企业家这种从容不迫的态度大感意外。

不多时，秘书将咖啡端上桌来。这位企业家端起咖啡喝了一口，立即大嚷道："哦！好烫！"咖啡杯随之滚落在地。等秘书收拾好后，企业家又把香烟倒着插入嘴中，从过滤嘴处点火。这时记者赶忙提醒："先生，你将香烟拿反了。"企业家听到这话之后，慌忙将香烟拿正，不料却又将烟灰缸碰翻在地。

在商场中趾高气扬的企业家出了一连串的洋相，使记者大感意外。不知不觉中，原来的那种挑战情绪完全消失了，甚至对对方产生了一种同情。这就是企业家想要得到的效果。这整个过程其实是企业家一手安排的。因为在通常情况下，当人们发现杰出的权威人物也有许多弱点时，过去对他抱有的恐惧感就会消失，而且由于同情心的驱使，还会对对方产生某种程度的亲切感。

在人际交往中，要使别人对你放松警惕，产生亲近之感，你只需要很巧妙地、不露痕迹地在他人面前暴露某些无关痛痒的缺点，出点小洋相，表明自己并不是一个高高在上、十全十美的人，这样就会使人在与你交往时松一口气，不再与你为敌。

从这里我们可以看出，主动示弱是一种生存策略。在当今竞争激烈的环境下，锋芒毕露的人总会成为众矢之的。而隐藏自己的实力，消除大家的防备之心，在适当的时候再发动出其不意的打击，一举赢得竞争的胜利，才是能适应当今社会的生存法则。

在弱肉强食的动物界里，有些动物也善用示弱，在猎物面前隐藏实力，借机靠近猎物，找到机会，迅速捕获食物。

在广袤的草原上，角马和瞪羚正在寻觅着营养丰富的嫩草，一只鬣狗悄悄地走了过来。如果是其他外表威猛的狮子和猎豹，这些食草动物们早已吓得四处逃跑了，但鬣狗其貌不扬的样子实在难以引起它们的重视和注意。更让它们不屑的是，这只鬣狗低着脑袋，夹着尾巴，紧缩着身体，步履缓慢，摆出一副可怜兮兮、任人摆布的样子。

这些身体健壮、奔跑跳跃力出色的角马和瞪羚根本没把它放在眼里，任由鬣狗在它们身边走来走去。突然，这只鬣狗面露狰狞之色，一个加速跳起，从后方咬住角马的脖子。强壮的角马不甘心束手就擒，拼命挣扎，但鬣狗强有力的上下颚使它具有像老虎钳一样的咬合力。不一会儿，这只角马就奄奄一息，成了鬣狗的美餐。几天后，这只鬣狗又故伎重施，成功捕获了一只瞪羚。

鬣狗的故事告诉我们，有时候，过分地逞强，过分地表现实力，只会成为己方的障碍，增加自己成功的难度；而反其道行之，隐藏自己的实力，适当地示弱，当无限接近成功的时候再一举取得胜利，则是当今社会的一种生存智慧：主动示强，未必能笑到最后；淡然处世，也许走得更远。

海滩上的蓝甲蟹分为两种，一种是较为凶猛的，跟谁都敢开战；一种是比较温和的，遇到敌人，便翻过身子，四脚朝天，任你怎么踩它，它都不理不动，一味装死。经过了千百年的演变，出现了一种有趣的现象，强悍凶猛的蓝甲蟹越来越少，成为濒危动物；而喜欢示弱的蓝甲蟹，反而繁衍昌盛，遍布世界许多海滩。动物学家研究发现，强悍的蓝甲蟹一是因为好斗，在互相残杀中首先灭绝了一半；其次是强悍而不知躲避，被天敌吃掉一半。而会示弱装死的蓝甲蟹，则因为善于保护自己而存续了自身的种群。

让我们做一只会示弱的蓝甲蟹，在竞争激烈的现代社会中走得更远吧。示弱不仅能使得彼此消除不必要的敌意，增进了解和理解，还是成功路上必不可少的考验。试想，谁能够恒强？谁能够一帆风顺？在强的时候故意示弱固然是一种策略，可是在弱的时候，不妨也诚实一点，示弱给别人看，表达你需要帮助的诚意，从而接受别人的帮助，走出困境。

3. 让对方在对比之后，主动与你合作

运用黑白脸策略，就在于制造一定的悬殊对比，让对方的心理在大起大落之后，主动选择与你合作。

查理·狄更斯在他的著作《远大前程》中写道："黑脸—白脸"策略是著名的谈判策略之一。我们在警匪片中时常会看到这个策略的使用：警

察把犯罪嫌疑人带到警察局审问。第一个审问他的警员是个长得凶巴巴、态度粗暴的人，他用一切手段威胁嫌疑犯。

然后这个警员被神秘电话叫出去，这时走进来的第二个警员会是他见过的最为温和、友善的人。他坐下来，同犯罪嫌疑人交心，并递给他一支烟，说："我告诉你，情况没有那么严重，我知道你犯了法。为什么不让我看看能帮你做些什么呢？"这个嫌疑人觉得很是感动，当然这并不是真的。然后，这个警员继续询问，从他知道的情况开始，他告诉嫌疑人说："我知道警员们真想知道的不过是你从哪儿搞到的枪，你把尸首藏在哪里了。"就这样，嫌疑人往往会坦白自己犯下的所有罪行。这就是黑白脸策略的具体运用。

同样，这种策略可以用到营销当中。

麦斯可公司的销售经理小王和经销公司正在洽谈一件1000件夹克衫的业务。双方经过多次电话沟通后，基本确定了每件150元的价格，并在约定好的时间见面。

这天，小王来到经销公司，和采购部的张经理在会议室洽谈。突然，经销公司的李总经理推开会议室的门，好像是要了解一下情况。采购部的张经理说："李总，我正在和麦斯克公司的王经理讨论夹克衫的事情，您现在有空吗？要不要也坐下来听听？"很自然的，李总坐在了会议室里。几分钟后，李总突然站了起来，脸色阴沉地对张经理说："小张，我觉得麦斯克的夹克衫并不值这个价钱，你看着办吧；我还有事情要处理，先走了。"于是，张经理面色尴尬地说："很抱歉，我们李总就是这个脾气，你别介意。其实我个人还是觉得你们的产品挺不错的，我们继续谈。"停顿一下，张经理又说："如果你能在价格上更加灵活一些，我想我还可以向李总争取争取。"

这就是我们所说的"黑脸—白脸"策略了。其实，这样的例子数不胜数。

有一次，亿万富翁休斯想购买大批飞机，他计划购买34架，而其中的11架更是非到手不可。起先，休斯亲自出马与飞机制造厂商洽谈，但却怎么谈都谈不拢，最后搞得这位大富翁勃然大怒，拂袖而去。不过，休斯仍旧不死心，便找了一位代理人，帮他出面继续谈判。休斯告诉代理人，只要能买到他最中意的那11架，他便满意了。而谈判的结果，这位代理人居然把34架飞机全部买到手。休斯十分佩服代理人的本事，便问他是怎么做的。代理人回答："很简单，每次谈判一陷入僵局，我便问他们——你们到底是希望和我谈呢？还是希望再请休斯本人出面来谈？经我这么一问，对方只好乖乖地说——算了算了，一切就照你的意思办吧！"

要使用"白脸"和"黑脸"的战术，就需要有两名谈判者，并且分别出现在摊牌现场。否则，如果其中一个人给对方留下不良印象的话，另一个也会受到影响，这对接下来的谈判非常不利。

第一位出现的谈判者就是"黑脸"，他的责任，在于激起对方"这个人不好惹""碰到这种谈判的对手真是倒霉"的心理。而第二位谈判者是"白脸"，也就是扮演"和平天使"的角色，使对方产生"总算松了一口气"的感觉。就这样，二者交替出现，轮番上阵，直到谈判达到目的为止。

4. 找到对方关注的中心问题反复刺激

找到他人内心最看重的东西，然后再进行反复刺激，你可以一遍又一遍地重复这一点，以最终突破对方的心理防线。

　　一位房地产销售代表带着一对年轻的夫妇去看房子。这个房子的装修不是太好，许多人来这看过，都没有下定决心要买。但是当他们在房前停下来的时候，那位女士的视线穿过房子，发现在后院有一颗美丽的正在开花的樱桃树。

　　她立刻叫了起来："啊，你看那棵正在开着美丽花朵的樱桃树！当我还是一个小女孩的时候，我家的后院也有一棵开花的樱桃树。于是我想，以后我也要住在一个有开着花的樱桃树的房子里。"

　　当丈夫挑剔地看过房子，他说的第一句话是："看起来我们得把这个房子的地板换一下。"

　　销售代表说："是的，没错。不过在这个位置，只需要一瞥，你就能穿过餐厅看到那棵漂亮的开着花的樱桃树。"

　　那位女士立刻从后窗看出去，看着那棵樱桃树，她微笑起来，销售代表知道在这对夫妻中，这位女士才是决定者，所以他把主要精力集中在她的身上。

　　他们走进厨房，丈夫说："厨房有点小，而且煤气管什么的有些旧。"销售代表说："是的，不错。但是当你做饭的时候，从这里的窗子望出去，仍然可以看到后院里的那棵美丽的开花的樱桃树。"接着，他们又上楼看了其余的房间。丈夫说："这些卧室太小了，壁纸也太花了，房间都需要重新粉刷才行。"销售代表说："是的。不过你没有注意到，从主卧那里，你们可以将那棵开花的樱桃树的美景尽收眼底。"

　　那位女士对有樱桃树的那套房子实在是太喜欢了，以至于她不再提议看其他的房子了。他们最后购买了那套房子。他们之所以会这么快做出这个购买决定，是因为那个销售员察觉出了客户最感兴趣和最关心的重点——那棵开花的樱桃树——从而利用这一点对她进行反复刺激。

　　在你销售的每一件产品或服务中，都有一棵"开花的樱桃树"。销售人员要学会找到消费者眼中的那棵"开花的樱桃树"，抓住这个最强有力的成交要素。这个策略称之为"热点攻略"。

"热点"攻略技巧正在被营销人员一遍遍地使用。它相当简单。不管是通过提出问题还是仔细观察，你都要想办法确定"热点"，即客户要在你的产品或服务中寻求的首要益处。随之，你要集中自己的全部精力，让客户相信他会从你的产品中得到这些关键的益处。

以销售笔记本电脑为例，假如我们的笔记本电脑上有红外线接口，而其他电脑没有红外线接口，那这一点虽然是产品特色，但也不会对客户的购买决策产生太大的影响。所以，当营销人员在与客户打交道时，需要了解对方感兴趣的点在哪里，如果正巧客户的中心兴趣就落在红外线接口上，那就可以重点强调产品的这一特色，成交就容易多了。

相反，如果你把握不到客户关注的重点，只是提供客户购买理由以外的信息的话，无论你说得多么有吸引力，也无法真正地打动客户。

美国特工曾经有过这样的课程：通过瞬间显示机，让新学员在勉强能看到东西的瞬间光线下看到几张扑克牌。于是他就有了一种只有那种扑克牌出现的"期待"，接着就在完全不给他任何提示的情况下，通过这种机械装置给他看一些奇特的扑克牌，结果新学员起初都无法弄清那张牌是什么。这是因为，在这种情况下，正是对正常扑克牌的"期待"极大地限制了新学员的感觉，也就是说，没有被"期待"的东西出现在他眼前时，新学员的辨识能力将大幅下降。这种"期待"转化成购买商品的动机时，就是之前提到过的"开花的樱桃树"。

在从事营销工作中，营销人员要有一双锐利的眼睛，去发现客户关注的中心，那往往是他们内心最看重的东西，然后再进行重点突破，这样销售工作就会变得十分有效率。你可以一次一次地重复这一方法，在销售中不断取得佳绩！

下面是爱好与性格之间的联系，我们可以通过这些技巧，由对方的喜好来判断对方的性格。

（1）爱好广泛的人：如果一个人对很多东西都感兴趣，一般好奇心比较强，而且为人乐观、平易近人，他们希望从多个方面获得快乐。

（2）喜欢收藏的人：一个收藏家往往是聪慧的人，他有求知欲，不管在什么环境下都不会感到寂寞，而且往往比较健谈，尤其是谈到他所收藏的东西时。

（3）爱好文艺、音乐的人：这类人的感情往往比较复杂或脆弱，容易为环境所左右，因此在逆境的时候，承受力差，但是他们喜欢自然的交往，而且往往富有幽默感。

（4）喜欢科学研究的人：如果他对某一学科特别感兴趣，说明他比较理智、成熟，办事有条理，性格执着，他们对每件事都会比较认真。

（5）爱好自然的人：如果一个人喜欢钓钓鱼、养养花，一般为人比较幽默，但常常是我行我素，自得其乐。

（6）爱好摄影的人：一般酷爱艺术、有收集爱好的人都是脾气温和、忠实可靠、兴趣广泛的人。

（7）喜欢运动的人：他们往往同时是生活态度积极的人。这种人务实，富有竞争力，有勇气面对现实，而且容易与人相处。

（8）喜欢电影的人呢：这类人一般感情都比较丰富，喜欢逃避现实，喜欢幻想。由于他们的心灵活动范围较广，因此常会觉得心灵空虚、寂寞。

（9）爱好绘画的人：这类人大多光明磊落，风趣而有感情。他们一般具有坚强的毅力，但很容易被新景观或新人物迷惑，也就是说，他们的爱好会随时变化，因为他们喜欢幻想，因此说话往往夸大其词、言过其实。

（10）喜欢下棋的人：这种人一般遇事爱思考，也往往预示着他比较有心计，做事预谋性比较强，待人戒备心重。

5. 破窗理论——通过环境暗示来影响他人

美国斯坦福大学心理学家菲利普·辛巴杜于1969年进行了一项实验，他找来两辆一模一样的汽车。其中一辆完好无损，停放在帕罗阿托的中产阶级社区；而另一辆停在相对杂乱的纽约布朗克斯区。停在布朗克斯的那辆，他把车牌摘掉，把顶棚打开，结果当天就被偷走了。而放在帕洛阿托的那一辆，一个星期也无人理睬。后来，辛巴杜用锤子把那辆车的玻璃敲了个大洞。结果呢，仅仅过了几个小时，它就不见了。

以这项实验为基础，政治学家威尔逊和犯罪学家凯琳提出了一个"破窗效应"理论，认为：如果有人打坏了一幢建筑物的窗户玻璃，而这扇窗户又得不到及时的维修，别人就可能受到某些暗示性的纵容去打烂更多的窗户。久而久之，这些破窗户就给人造成一种无序的感觉。结果在这种公众麻木不仁的氛围中，犯罪就会滋生、繁荣。

以上两个实验都是犯罪领域进行的，但环境对心理的暗示并不仅限于犯罪心理学的研究，从人与环境的关系的角度上看，我们生活中的很多行为都受到环境的影响，如自然环境、社会环境、社交环境，可以说每一个人都是环境的产物。

在营销学中，环境对营销的影响同样非常大，环境所产生的巨大而持久的暗示力量，能够在潜移默化中影响着人们的商业行为。在销售中，销售人员可以根据自己在销售和谈判中的预期目的，对环境暗示加以利用把握，从而在一定程度上了解客户的心理，掌握销售中的主动权。

利用环境进行心理暗示的方式可以有很多，下面所列的心理压力留给谈判对手，以争取在生意上的主动。

一般来说，一个人在自己最熟悉的环境中，言谈举止表现最为自信和从容。而陌生的环境会让人缺乏安全感，容易给人造成心理压力。

日本的铁矿和煤矿资源短缺，日本的钢铁企业渴望购买煤和铁等矿产资源。而澳大利亚富产煤和铁，并且在国际贸易中不愁找不到买主。按常理说，日本人应该到澳大利亚去谈生意。但是日本人在进行生意洽谈的时候，总是想尽一切办法把澳大利亚人请到日本来谈生意。

澳大利亚人一般都比较谨慎，讲究礼仪，而且在日本进行商业谈判，澳大利亚人不会过分侵犯东道主的利益。澳大利亚人到日本去后，日本方面和澳大利亚方面在谈判桌上的地位就发生了显著的变化。这也是为什么日本公司在进行商业谈判的时候，宁愿花费大额的招待费用也倾向于将谈判桌放到自己的主场进行。

还可以利用环境布置达到震慑对方心理的目的。通常人们在面对庄严或者肃穆的环境时，由于条件反射的原因，会表现得紧张、谨慎和小心翼翼。

曾经有一家营销公司做过这样的实验，让两个接受测试的销售人员分别去和公司经理进行内容大致相同的一次谈话。

其中甲被安排的谈话地点是一个装修十分考究、室内色彩以深色调为主的办公室，走廊及室内都陈列了名贵的家具及摆设。并且在正式开始谈话之前，甲还要经过秘书的仔细盘问才得以放行。

而乙的谈话地点被安排在一间普通的办公室，房间的布置很随意，色彩柔和，在乙前往谈话的途中，秘书面带微笑，非常友好地为乙指路。

通过观察甲乙两人的实际表现后发现，在与同一个人的谈话过程中，两人的表现大相径庭。甲在谈话中表现了明显的紧张与不安，而乙却表现得从容自如。

目前，很多从事家居建材的商家推出了消费者体验店的销售形式，把所购买的商品放置到模拟的环境布景中进行展示。店家通过精美的装修，在体验店内营造的灯光效果、划分的空间布局等都好于一般家庭的真实场景。这是一种典型的利用环境进行心理暗示的销售方式。

这种销售方式的好处在于，能够给消费者营造出高品质生活的氛围，让顾客把对于布景的喜欢移植到产品品质上。好的商品和服务能够带来更好的心理满足度，而消费者通常也很愿意为这份心理满足花更多的钱。

其实不仅是家居体验店如此，观察一下身边，房地产商推出的样板间、有些餐厅推出的音乐演奏服务等，都是利用环境在传达"高品质的心理暗示"。

6. 先声夺人，用高姿态赢场面

威慑力，在现实中的意义，就是先发制人，抢在你对我下手之前，我先来一番强势表演，让你明白我们的差距，默认我的地位与价值。

当然，有威慑力的人，靠的不只是花架子，通常他还拥有不俗的实力。

毕坚商店位于美国曼哈顿第五大街，在众多的商店中，它显得别具一格。例如在圣诞节购物达到高潮的时候，大多数商店里人来人往，热闹非凡，商家都在想方设法吸引更多的顾客光临自己的商店，而毕坚商店这时却重门深锁，里面只有一位顾客在选购，它一次只请一位顾客进去，这位顾客进入商店里，商店的大门就对别的顾客关上了。

作为店家，哪有关门拒客的道理？每次只接待一位客人，它能赚到什么钱呢？

初看起来，毕坚商店的做法似乎有违经商的原则，但我们如果结合当地消费者的构成情况来分析，就可以发现毕坚商店的经营策略自有它的高明之处。

美国纽约的曼哈顿是商业巨头云集之地，巨额的资产给他们的心理和消费带来了与众不同的特点。正是为了适应这些世界富豪，毕坚商店玩出了与众不同的新花样。它以极为富有的豪绅作为自己的目标顾客，经营的商品极为高档、豪华，当然价格也贵得令人咋舌。这里一套衣服至少要卖2200美元，一套床罩标价9400美元，一瓶香水要卖1500美元。售价这么贵的商品，店家在每一件商品上赚得的利润也就相当惊人，所以，它一次只接待一位顾客比别的商店接待几十、几百位顾客的收益只多不少。

这么贵的商品如何吸引顾客来买呢？

它每次只接待一位顾客就是策略之一。富豪大多有高人一等的优越感，不愿与普通人为伍，整个商店一次只接待自己一个人，恰好满足了这些富豪顾客的虚荣心；而且该店对于哪位顾客上门等情况都予以保密，弄得神秘兮兮的，这越发抬高了毕坚商店的地位和身份，增强了它的吸引力。

事实证明，毕坚商店的经营策略是成功的，到目前为止，全世界有50多个国家和地区的富豪、王公贵族到毕坚商店"潇洒"过，美国总统里根、西班牙国王卡洛斯、约旦王国侯赛因和一些著名艺人都曾光顾过毕坚商店，而且他们一般都不会空手离开这家象征身份和地位的商店。

不轻易接待顾客，是贵族的商店，不轻易出山的，肯定就是业内高手。

所以某一行业的顶尖高手，都不是随叫随到的，比如大牌的明星、成功的律师、成绩卓越的策划人。美容店中技艺高明的美容师、服装店的高级裁缝和服饰专家，顾客都必须提前进行预约，并且只为一定数量的顾客服务。

因为物以稀为贵，身价越捧越高。有时候，限制恰恰就是发展。频繁地现身虽然会吸引来众人的注目，因为你比周围的人更为灿烂耀眼，但是过度的现身反而会造成反效果：你越经常露面、讲话，你的人气就会越低。

对于俄罗斯总统普京，一位俄罗斯问题专家深有感触地说："普京的一大优势是他的神秘。"一方面，他使很多人都感到平易近人，胸怀坦荡；另一方面，大家又觉得看不透他，觉得他身上还有很多未知的领域，而普京也十分善于吊人胃口，总是一点一滴地把自己的事情说给大家听，每次都是定量供应，决不多给。正因为如此，他才得以在叶利钦时代极端复杂的政治环境中平步青云，并在就任总统之后得到全俄罗斯人的尊重。

其实，戴高乐早就说过，真正的领袖人物要幽居、超脱，要神秘，有时则要沉默寡言，他本人也正是这样做的。戴高乐和普京的政治智慧颇为符合人的心理特点：对神秘的事物，人们总是怀着兴奋的、变幻不定的、充满新意的感觉；人们的想象会活跃起来，对富于吸引力的个性进行积极地想象；神秘人物一些个性化的言行都会得到人们热情的关注，并对人们产生影响。

神秘感的影响，在生活中无处不在，人们常说"外来的和尚好念经"，就是由于不知道他的来龙去脉，才会对他产生兴趣。如果是本地的和尚，人们都知道他出生在哪、是谁家的孩子，说不定还经常看到他和一个普通人一样买米买菜。这样无论他的佛法修行如何，都不会有很大的吸引力。

从某种意义上说，人们对你的推测和议论越多，你的身价就越坚挺。

可以说，这是一种身价战中的"威慑力"，对方看到你起手的气势，认为你的实力只能用深不可测来形容，于是他们连比试一下的念头都不会产生。

许多当老板的人，都深谙此道——做"温吞水"，是树立不起权威的形象的。所以只要能收到实效，有些夸张的表现也无妨。

　　1917年，辜鸿铭被蔡元培请到北京大学当教授。此时中华民国已建立多年，但辜鸿铭仍然在脑后拖着一根灰白相间的细小辫子，戴着瓜皮帽，穿着长袍，成为校园一景。他还不知道从哪里找来一个同样是清朝遗老打扮的人做车夫，每天拉着他去北大讲西方文学。据说他第一次上课，一进课堂，学生就哄堂大笑。辜鸿铭不动声色，走上讲台，慢吞吞地说："你们笑我，无非是因为我的辫子，我的辫子是有形的，可以马上剪掉，然而，诸位脑袋里面的辫子，就不是那么容易剪掉的啦。"一语既出，四座哑然。

　　当时北大有不少洋教授，颇受尊重，但辜鸿铭从不把他们放在眼里。有一天，新聘的一位英国教授到教员休息室，见到这样一位老头倦卧在沙发上，留着小辫，长袍上秽迹斑斑，便朝他发出不屑的笑声。辜鸿铭也不介意，用一口纯正的英语问他尊姓大名，教哪一科。洋教授见此人英语如此地道，为之一震，回答说教文学。辜鸿铭一听，马上用拉丁文与他交谈，洋教授语无伦次，结结巴巴跟不上来。辜鸿铭质问说："你是教西洋文学的，为什么对拉丁文如此隔膜？"那位教授无言以对，仓皇逃离。

　　——你高，我比你更高；你傲，我比你更傲。只要我有真东西，就由不得你不服。

　　世界上有许多的麻烦与是非，都是当事者的优柔寡断或姑息迁就造成的。所以一照面就把人震住，一切就可以按你预先制定的路线走。

　　威慑力，是先声夺人的第一招，对本身的实力和先期投入要求颇高，但是打开局面后，以后就一路顺风了。

　　要注意的是，凡事有度，"制人"也是同样。让人看到你强大的一面，防守的目的应当大于进攻。千万不能演着演着来了兴致，沉溺在强硬的美好感觉里，只为表现而表现。

7. 挫其傲气，显示你的自信

人际交往中，我们常会遇到很多傲气十足的人，他们往往有这样那样的资本可以依赖。如果你能针对他产生傲气的资本给予打击，便无异于釜底抽薪，拆掉了他的台子。

下面与你分享四种"冻结资本"的技术：

（1）出一个回答不了的难题

一些人自恃知识丰富，阅历广泛，因而压根儿就瞧不起别人，表现出一股不可一世的傲气。对付这种傲气者只要巧妙地设置一个难题，就可抑制其傲气。这是因为不管其知识多么丰富，阅历多么广泛，在这个大千世界里都是有限的，而其一旦发现自己也存在着知识缺陷，其傲气自然就会灰飞烟灭了。

在一次国际会议期间，一位西方外交官非常傲慢地对我国一位代表提出了一个问题："阁下在西方逗留了一段时间，不知是否对西方有了一点开明的认识。"显然，这位外交官是想以傲慢的态度嘲笑我国代表的无知。我国代表淡然一笑回答道："我是在西方接受教育的，40年前我在巴黎受过高等教育，我对西方的了解可能比你少不了多少。现在请问你对东方了解多少？"而对我国代表的提问，那位外交官茫然不知所措，满脸窘态，其傲气荡然无存。

无疑，巧设难题抑制傲气者，所设置的难题一定要是对方无法回答的问题，因为只有这样，才能暴露对方的无知或者缺陷，从而挫其傲气。如果设置的问题对方能够回答，这样不但不会挫其傲气，反而更会助长其傲气而使自己更处于难堪的境地。

（2）露一手给傲慢者瞧瞧

有些高傲者往往有一技之长，有自视清高的资本，这些人最瞧不起不学无术之辈，相反，对于有真才实学，能力在他之上者，他会像遇到知音似的格外看重，给以礼遇。有位傲者就说过这样的话："有人说我傲慢，其实没说到点子上。我这个人最瞧不起混饭吃的草包。你要干得漂亮，让我服气，我会把你奉为上宾！"这话正是这类高傲者心态的真实写照。

因此，对于这种重才的傲者，要想博得他们的青睐，莫过于恰到好处地在他们面前展示自己的才华，使他们感到你不是等闲之辈，这时与之打交道就会变得容易多了。

有位行伍出身的领导，爱学习爱动脑子，工作很有建树，且能写会画，人称"儒将"。他个性孤傲，尤其看不上刚出校门、夸夸其谈的青年，因此有些青年很怵他，经常躲着他。一次他到部队作报告后，有位青年军官直言说他报告中引用的诗句有误，并当场背诵原诗句，说明出处。这位青年敢挑他的毛病，勇气可嘉。这使"儒将"对他刮目相看。回机关后立即通知干部部门，对这个青年军官进行考察，不久就把他调到机关工作，后来他们还成了忘年之交。

很显然，对待高傲者有时倒是需要"显山露水"，恰当地展示自己的才华，从而改变对方的态度。受到他们的青睐，事情就好办了。当然，在傲者面前显示才华并非卖弄，也不是无的放矢夸夸其谈，而是真才实学的恰当展示。

（3）点一点傲慢者的痛处

有时与傲者打交道，也可采取针锋相对的方法，即以不卑不亢的态度，抓住对方之要害给以指出，打掉他赖以生傲的资本，这时对方会从自身的利益出发，放下架子，认真地把你放在同等地位上交往。

例如，1901年美国石油大王洛克菲勒的儿子小约翰·戴·洛克菲勒，代表父亲与钢铁大王摩根谈判关于梅萨比矿区的买卖交易。摩根是一个傲慢专横、喜欢支配人的人，不愿意承认任何当代人物的平等地位。当他看到年仅27岁的小洛克菲勒走进他的办公室时，继续和一位同事谈话，直到有人通报介绍后，摩根才对年轻而看起来很瘦小的小洛克菲勒瞪着眼睛大声说："哦，你们要什么价钱！"小洛克菲勒盯着老摩根，礼貌地答道："摩根先生，我看一定有一些误会。不是我到这里来出售，相反，我的理解是您想要买。"老摩根听了年轻人的话，顿时目瞪口呆，沉默片刻，终于改变了声调。最后，通过谈判，摩根答应了洛克菲勒规定的售价。

在这次交际中，小洛克菲勒就是抓住了问题的关键：摩根急于要买下梅萨比矿区，给以点化，从而既出其不意地直戳对方的要害，说明实质；同时也表现出对垒的勇气和平等交往的尊严，使对方意识到自己应认真地平等地交往，之后的进程自然就变成了坦途。

（4）对傲慢者不加理睬

一些有傲气的人，别人越依赖他，他的傲气就越大。因而对这种傲慢者采取不予理睬的态度，使其孤立，这样就可削弱甚至打掉其傲气。

某单位调来了一名中年人，这位中年人有着过硬的技术，因此瞧不起别人。他不是教训这个人，就是教训那个人，弄得大家都不愉快。于是大家对他采取不予理睬的态度，有些人见他来了就走。久而久之，他自觉无趣，于是改变了自己的态度，大家再也看不到他身上的傲气了，也就又恢复了与他的正常交往。

为什么采取这种方法能使傲气者改弦易辙呢？因为傲气者大都是为了显示自己高人一等的价值，而大家不理睬他，他不但没有显示自己的价值，反而使自己处于孤独无援的境地，因而他不得不反省自己不受欢迎的原因，改弦易辙了。

团队合作篇

第七章

善于借力，有意识地"麻烦"各种人

唐代诗人王之涣有句妇孺皆知的名句："欲穷千里目，更上一层楼。"就是说为了看得更远，就得去登高；为了涉水过河就得去打造船只。为了跑得更快、走得更远，就需要借助于车马这些古代交通工具，否则，就不能获得优势。

1. 别人能干的，自己不必干

犹太人做生意全世界有名，在生意场上，他们常常使出一些常人意想不到的高招，轻松赚得巨额财富。

在日本东部有一个风光旖旎的小岛——鹿儿岛，因气候温和、鸟语花香，每年吸引大批来自各地的观光客。有一位名叫阿德森的犹太人在日本经商已有多年，他第一次登上鹿儿岛之后，便喜欢上了这里，决定放弃过去的生意，在此建一个豪华气派的鹿儿岛度假村。一年后，度假村落成。但由于度假村地处一片没有树木的山坡，一些投宿的观光客总觉得有些许扫兴，建议阿德森尽快在山坡上种一些树，改善度假村的环境。阿德森觉得这个建议好是好，但工钱昂贵，又雇不到工人，因此迟迟无法实现。

不过，阿德森毕竟很有经商的天分，他脑子一转，立即想出了一个妙招——借力。他迅速在自家度假村门口及鹿儿岛各主要路口的巨型广告牌上打出一则这样的广告：

各位亲爱的游客：您想在鹿儿岛留下永久的纪念吗？如果想，那么请来鹿儿岛度假村的山坡上栽上一棵"旅行纪念树"或"新婚纪念树"吧！

绿色是诱人而令人开心的。那些常年生活在大都市的城里人，在废气和噪音中生活久了，十分渴望到大自然中去呼吸一下新鲜空气，休息休息，如果还能亲手栽上一棵树，留下"到此一游"的永恒纪念，那别提多有意思了。于是，各地游客纷纷慕名而来。一时间，鹿儿岛度假村变得游客盈门，热闹非凡。当然，阿德森并没有忘记替栽树的游客准备一些花草、树苗、铲子和浇灌的工具，以及一些为栽树者留名的木牌。并规定：游客栽一棵树，鹿儿岛度假村收取300日元的树苗费，并给每棵树配一块木牌，由游客亲手刻上自己的名字，以示纪念。这是很有吸引力的，出门游玩的人谁不想留个纪念？因此，一年下来，鹿儿岛度假村除食宿费收入外还收取了"绿色栽树费"共1000多万日元，扣除树苗成本费400多万日元，还赚了近600万日元。几年以后，随着幼树成材，原先的秃山坡变成了绿山坡。

让你出钱，让你出力，还让你高兴而来，满意而归，这似乎是不可能的事情。可精明的阿德森却看到了这一"不可能"之中的可能性，做了一笔一举两得的生意。这其中，我们看到了营销创意的价值和魅力。你瞧，本来是既花钱又费工的一件事，可是在营销高手的策略下，竟变为了招徕顾客的一种手段，你能不为之叫绝吗？

其实，阿德森所使的这一高招——借力，谁都知道，但能用得如此出神入化者就极其罕见了。

"借力"不仅是发财的高招，也是一个成大事者必须具备的能力，毕竟一个人的能力是有限的。俗话说："就算浑身是铁，又能打几颗钉？"如果只凭自己的能力，会做的事很少；如果懂得借助他人的力量，就可以无所不能。

凭自己的能力赚钱固然是真本事，但是，能巧妙借他人的力量赚钱，却是一门高超的艺术。

"借力"的要点就是互惠互利，即要让自己受益，又能让对方受益。不让别人受益，别人肯定是不会为你所用的，比如前文故事中阿德森的做法，并不是凭空想象出来的，而是他利用都市人渴望与大自然亲密接触的美好愿望推出的"奇招"。如果栽树不能满足都市人的这一心理需求，他们肯定是不会自己掏钱去替阿德森免费栽树的。

拿破仑曾经说过一句这样的话："懒而聪明的人可以做统帅。"所谓"懒"，指的就是不逞能，不争功，能让别人干的自己就不去揽着干。尽量借助别人的力量，这在某种意义上来说，是在告诫我们现实生活中那些渴望成功的人：要善于"借力"。别人能干的，自己不必干。

那么，具体我们该如何来用好这一招呢？

（1）借上司的"力"

上司的"力"是否好借，这就要看你对上司了解和熟悉的程度了。

首先要充分了解和熟悉自己的上司。比如其经历、好恶、工作习惯等……精明的上司赏识的都是那些熟悉自己、并能预知自己心境和愿望的下属。

其次，要充分理解上司的真实意图。当你被委以重任时，上级对你说："好好干啊！"于是你就回答说："我一定好好干。"似乎如此回答是理所当然的。可是从一开始，你就犯了一个错误，因为你不清楚被拜托的是什么？要好好干的是什么？为什么要干？干到什么时候？干到什么程度？等等……所以，应该明白上司的真实意图，站在上司的角度考虑问题，在实践的过程中还要经常征求上司的意见和建议。

再次，要明白上司的难处，关键时候还要主动站出来做出一些自我牺牲或放弃自己的个人利益，上司自然会认为你够朋友、讲感情、有觉悟，你在他心目中的形象就会更好。

最后，不要喧宾夺主。有些人，有了些权力之后，就自以为大权在握，就不把别人甚至上司放在眼里。除此以外，还可能会成为上司的打击对象，这样离被炒鱿鱼就不远了。

（2）借同级的"力"

俗话说："孤掌难鸣。"如果在工作时得不到同事的支持，是很难有所作为的。当然，作为同事，有时候免不了有利益冲突，比如政治荣誉的归属和经济收益的分配等……这时候，就应该学会谦虚，主动礼让，不要争功，更不要揽利。应主动征求同事对自己工作和作风上的意见和建议，彼此真诚相待。

（3）敢于"借贷款"

小商品经营大王格林尼说过："真正的商人敢于拿妻子的结婚项链

去抵押。"小心谨慎地做自己的生意，固然是必要的，但要在商圈上成大气候，还得要大胆地向前迈步走，事实上，不少白手起家的富翁都有过借债。

法国著名作家小仲马在他的剧本《金钱问题》中说过这样一句话："商业，这是十分简单的事。它就是借用别人的资金！"也证明了财富是建立在借贷上的。但还是需要创造财富者有充分利用借贷，擅长利用借贷款的能力。

（4）让别人的头脑、技术为自己所用

让别人的头脑、技术为自己所用，善于将别人的长处最大限度地变为己用，这是最聪明的办法，最省钱省事，也是最快的成功捷径。

（5）借助舆论，扩大你的优势

从明星的绯闻到政客的传奇，诸多事件都验证了舆论的强大威力。在社会上，舆论像汹涌的波涛，可以把你淹没海底，也可以把你推上天空。

真正聪明的人，几乎都善于利用舆论来为自己服务；他们牢牢地锁定目标，制造出"非我莫属"的声势。你要善于人为地为自己制造一些焦点和声势。即使有雄心也不要急于行动，而是利用方方面面的力量，为达到自己的真正意图摇旗呐喊，最终达到自己的目的。

（6）找一棵可以遮风避雨的"大树"

人生路上充满了很多艰辛坎坷，光靠一个人的努力有时难以面对，显得势单力薄。因此，如果能找到一棵可以遮风避雨的"大树"，进可以攻，退可以守，在有坚实后盾的情况下取得成功也就易如反掌。

①什么样的人适合做靠山

这可是最重要的问题。以下几个方面可供参考：

有家世背景的人。显赫的家世自然让你受益匪浅，但是你同时要明白家世背景不一定保证他一辈子风光，如果他品行不正、能力不行，那么跟这种人的关系也不能长久。

功成名就之人。找这种人当"大树"，除非你有特别的表现，或者你的某些长处正好被人看中，否则你再怎么"跟"，他还是看不见你！

有能力有潜力之人。这种人可能是最好跟随之人，他们是一种"潜力股"，一时看不出效益，如果长期做下去必有收获。但有能力有潜力的人也不一定最终飞黄腾达，人的机遇是很难说的，所以你跟随的时候要无怨无悔！

②要应对"大树"对你的考验

你必须在与他往来之间，让他了解你的能力、上进心、人格、家世和忠诚，也就是说，要他能够信赖你；这就需要一个过程，而这一过程可能需要半年、一年，也有可能更漫长，而你不仅要好好表现，还要在难熬的岁月中等待机会，应对"大树"对你的考验。

最后要提醒你的是，当你找到自己的"靠山"与"乘凉之树"后，不能完全倚仗他人来生活，你只是利用一下他人提供的条件罢了，你自己还得更加努力。

2. 把虾米联合起来，能帮你吃掉大鱼

"大鱼吃小鱼，小鱼吃虾米"，这是现实中残酷的竞争法则。不过，我们若是想在社会上站稳脚跟，击败对手，有时候仅靠自己的能量是不行的。

在这种情况下，我们不妨联合周围可以联合的"虾米"，然后一起去吃掉我们想吃掉的"大鱼"，这样做效率往往会更高。

千万不要小觑小力量的集合。当我们看到日本联合超级市场，一个以中心型超级市场共同进货为宗旨而设立的公司，看到它的惊人发展，我们就会有如此感慨。

就在1973年石油危机之前，总公司设于东京新宿区的食品超级市场三德的董事长——堀内宽二大声呼吁："中小型超级市场跟大规模的超级市场对抗，要生存下去的唯一途径就是团结。"可是，当时响应的只有10家，总营业额也不过只有数十亿日元而已。但是，现在的日本联合超级市场的加盟企业，从北海道到冲绳县共有255家，店铺数达到3000家，总销售额高达4716亿日元，遥遥领先大隈、伊藤贺译堂、西友、杰士果等大规模的超级市场。而且，日本联合超级市场的业绩，竟然是号称巨无霸的大隈超市的两倍。尤其近几年来，日本联合超级市场的发展更为迅速。1982年2月底，联合超级市场集团的联盟企业有145家，加盟店的总数有1676家，总销售额2750亿日元。但是，从第二年起，加盟的企业总数就增加为178家，继而187家、200家、253家持续地膨胀，同时加盟店的总数也由1944家增加为3000家……

原来是一个微不足道的超级市场经营者——堀内宽二，凭借着中小型超级市场不团结就无法生存的信念，草创成立的联合超级市场，发展到今天，拥有了他本人也不会料想到的庞大规模。目前，日本全国都可以看到联合超级市场的绿色广告招牌。

中国有句俗语："众人拾柴火焰高。"意思是说，通过联合的力量，以实现个人力量所不能实现的目标。很多小企业、小公司，在激烈的竞争中，被冲撞得东倒西歪，飘飘摇摇，虽然也有顽强的生命力，但终难形成气候。

小企业、小公司，要在竞争中站稳脚跟，就得联合统一战线，共同出击，以群蚁啃象之势，去迎接各种挑战。

人们往往习惯于将目光聚焦到那些有权势、有财富的名人和富豪身上，认为只有这些人才是自己人生路上的贵人，才能给自己的成功添砖加瓦。

可是，大人物们高高在上，有时候，不用说去求人家，连接触到人家都很难。遇到这样的情况我们该怎么办？坐以待毙，还是就靠自己的蛮干？

不用发愁，你不妨将目光投到某些小人物身上。

要知道"大小"并不是绝对的，二者是可以转换的。对待"小人物"，你没有必要一味地趾高气扬，应该懂得变通，没有大人物可以选择的时候，能向小人物借力也是不错的选择。在历史上"鸡鸣狗盗"之辈，曾经帮孟尝君逃脱大难，不就是很好的证明吗？

小人物就像小螺丝钉，用得得当，就能推动大机器的运转。不要小看"小人物"，有的时候，"小人物"却有"大用处"。

戴笠当军统头子时，逢年过节，都要派人出去送礼，这礼并非是送给达官显贵的。而是总统府里听差、门房、女仆或是文书，虽然地位卑微，绝不可能参与军国大事，但是他们毕竟天天都在蒋介石身边。

首先，这些人的职业就是伺候蒋介石。蒋介石的行为、情绪的变化，都瞒不过这些人的眼睛。

然而对戴笠而言，这些信息作用还不是最重要的。在官场，公文积压都是常事，有的只要搁上十天半个月，有的一搁就是一年半载，即使批下来，也是另一种结局了。军统上报的公文，耽搁在蒋介石那里，戴笠是不敢催办的。可是清洁女工有这样的便利，她清扫蒋介石的办公室时，只要顺手在文件堆里把军统的公文翻出，放在上面就万事大吉了。戴笠的部下再有能耐，也不敢随意进蒋介石的办公室，这件事非清洁女工莫属。

因此，在人际交往中，要灵活变通，千万不要只逢迎那些成功人士，而要懂得和小人物建立关系，而且，更不可得罪"小人物"，尤其是那些大人物身边的"小人物"，虽小却能亲近大人物，只要能巧妙地借助他们的力量，同样可以助你办成大事。

社交心理学

3. 有意识地积累各行各业的朋友

现代社会中，拥有良好的社会关系就等于拥有比别人多的机会。因此在创业之前或创业过程中都要有意识地积累各行各业的朋友。

事情往往就是这样：无法与关键人物搭上关系时，事情往往很难取得进展，可一旦与关键人物建立联系，事情就好办了。

在北大，很多关系活动为人们提供了"让你结识他人，也让他人认识你"的可能，当彼此间的品行、才干、信息得以了解的时候，活动就可能结出两个甜美的果实：密切彼此的友谊和获得发展的机遇。从一定意义上讲，关系活动是机遇的介绍人。因此，开发人际关系资源对人们捕捉机遇、走向成功具有重要意义。

吕春穆起先是北京一所小学的美术教师，在杂志上看到有人利用收集到的火柴商标引发学生们的学习兴趣和创作灵感的报道后决定收集火花。他为此展开了广泛的交际活动：他首先油印了200多封言辞诚恳、情真意切的短信发到各地火柴厂家，不久就收到六七十个火柴厂的回信，并有了几百枚各式各样精美的火花。此后，他主动走出去以"花"会友。1980年结识了在新华社工作的一位"花友"，一次就送给他20多套火花，还给他提供信息，建议他向江苏常州一花友索购花友们自编的《火花爱好者通讯录》，由此他欣喜地结识了国内100多位未曾谋面的花友。他与各地花友交换藏品，互通有无；他利用寒暑假，遍访各地藏花已久的花友，还通过各种途径与海外的集花爱好者建立联系。就这样在广泛交往中他得到了无穷无尽的乐趣和享受，也为他的成名创造了机会：他先后在报刊上发表了几十篇有关火花知识的文章，还成为北京晚报"谐趣园"的撰稿人。他的火花藏品得到了国际火花收藏界的承认，并跻身于国际性的火花收藏组织的行列。1991年他的几百枚火花精品参加了在广州举办的"中华百绝博览会"……他以14年的收藏历史和20万枚的火花藏品被誉为"火花大王"而名甲京城。很显然，吕春穆的成功得益于交际。他以"花"为媒，结识朋友，通过朋友再认识朋友，一直把关系建立到全球，从而使机会一次次降临，由此很自然地迈向了成功。

大量事实证明，机遇与交际能力和交际活动范围成正比。因此，社交专家提醒，我们应把开展交际与捕捉机遇联系起来，充分发挥自己的交际能力，不断扩大交际，只有这样，才会发现和抓住难得的发展机遇。

我们总结出打造良好关系的基本方法与原则如下：

（1）不轻易树敌

素昧平生或者关系浅淡的人并没有义务在你需要的时候帮助你。假如有求于对方，就要用婉转的、易于接受的方式提出。首先寒暄，聊大家都关心的事情，最后在不经意间表达你的请求。无论谁，即使地位再高，也会在交往的过程中把对方视作朋友，如此做事才可能会顺利。此外，还要有"见人说人话，见鬼说鬼话"的本事，不能永远都用同一种方式说话。应对不同的人，要有不同的方式。否则稍不注意，就很容易得罪人。有了这样的意识，遇到人就会自动将他们分类，形成自己的一套待人处事逻辑。现在我们可能会遇到来自世界各地的不同背景的人，环境变化也很快，因此要有很强的应变能力。

在交往过程中碰到的各种类型的人，其中可能有你喜欢的人，也有你不喜欢的人。对于你喜欢的人，交往亲近起来非常容易，团结这些人并不难。问题的关键是，如何同你不喜欢的人建立良好的人际关系呢？

首先尽量找出他们身上的优点，并用包容的心态对待他的缺点，如果能做到这些，或许就能与你不喜欢的人结为朋友。但也有可能你无论如何也找不出他的优点，或根本无法包容他的缺点。对待这种实在无法与他交往的人，你就要做到喜怒不形于色，做到不当面指责或指出他的毛病，避免和他争吵或发生任何正面冲突。这样就不至于使他们成为你的敌人，因为一旦成为你的敌人，他们就会给你带来很多不必要的麻烦。

（2）与社会名流和关键人物建立关系

社会名流是在社会上有影响的人，与他们建立良好的个人关系无异于为我们的成功插上了翅膀。但这些名流往往都有他们固定的交际圈，一般人很难进入到他们的关系网里。我们可以从如下几个方面入手和他们交往：

●在与名流交往之前多了解有关名流的资讯，托人引荐，多参加社会公益活动，多出入名流常常出入的场所，这样，你就会有机会结交到这些社会名流了。

●在结交这些社会名流时还要注意给对方留下一个好的印象，千万不要死缠着别人不放，这样做只能得到相反的结果。

●通过一次交往建立良好的关系是很难的，所以，应多制造交往的机会，多次接触才能建立较为牢固的关系。

（3）结交成功者和事业伙伴

"近朱者赤，近墨者黑。"讲的就是这个道理。之所以要结交成功人士，就是因为这些成功的人比我们优秀，我们可以从他们身上学到很多有益的东西，他们的优秀品质时时刻刻都能使我们的缺点暴露出来，他们可以成为我们很好的学习榜样，他们成功的事例能不断地激励我们，如果我们和这些成功者关系非常好的话，这些人还会伸出友谊之手，在关键时刻教我们一招或者拉我们一把。与优秀的人和成功者交朋友是储备关系的重要原则。

社交专家提醒，想成为什么样的人就跟什么样的人在一起，要成功，就要多跟成功人士在一起。通过他们，你可以结识更多这样的人。所谓物以类聚，等你身边都是这样的人，关系自然也就拓展开了。假如想在事业上有所突破，某种程度上就得牺牲一些个人空间，多跟事业伙伴接触，只有这样，才会有更多成功的机会。

(4) 礼多人不怪

掌握礼节也是建立良好朋友关系必须掌握的原则。和有身份的人交往可能很容易就能做到这一点，因为对方的权势、地位、实力足以使你为之敬畏，由不得你不注重礼节。但很多人在交往时却往往容易步入这样一个误区，即熟不拘礼。他们认为和朋友讲礼节论客套好像会伤害朋友的感情。其实这种认识是非常错误的，他们并没有意识到，朋友关系也是一种人际关系，而任何人际关系之所以能够存续下去都是因为相互尊重，容不得半点的强求。

礼节和客套虽然烦琐，但却是相互尊重的一种重要形式。离开了这种形式，朋友之间的关系也就难以存续。因为每个人都希望拥有自己的一片天地，而不讲礼节客套就可能侵入朋友的禁区，干扰到朋友的正常生活，这种情况出现得多了自然会伤害到朋友的感情，再好的关系也会因此而终结。

4. 集思广益，威力无比

有句话说得好："只有聆听别人意见的人，才能集大成。"无论是多么优秀的人，只靠自己的力量是有限的。尤其在当今这个竞争激烈的社会里，凝集多数人的智慧，往往是制胜的关键。就算你是一个"天才"，凭借自己的想象力，也许可以获得一定的成功。

但如果你懂得让自己的想象力与他人的想象力结合，就定然会产生更大的成就。

每一个人的构想与思维都是不一样的，所以说，人越多，就越容易想出好的办法，这正应了"三个臭皮匠，顶个诸葛亮"这句话，集众人的意见，很有可能产生意想不到的效果。

日本东京有一个地下两层的饮食商业街，整个广场都显得死气沉沉。一天，商业街董事长突发奇想：如果有一条人工河就好了！来往的人群不但能听到脚底下潺潺的流水声，而且广场上还有人工瀑布。这确实是很适合"水都街区"的创意。

大家对董事长的构想很心服，于是有人访问他。他回答说，挖人工河的构想并不是一开始就有，而是几个年轻设计师一起讨论时，有一个人突然说："让河水从这里流过如何？"

"不，如果有河流的话，冬天会冷得受不了。"

"不，这个构想很有趣。以前没有人这么做过，说不定我们可以出奇制胜。"

于是，虽然一开始有反对和赞成两种意见，但最后还是一致通过了这个构想。

就像这样，集思广益其实是很强有力的武器。

由此可见，一个好的创意的产生与实施，企业家光靠自身的力量和努力是不够的，必须集思广益，必须在自己周围聚拢起一批专家，让他们各显其能，各尽其才，充分发挥他们的创造性作用。

一个人若想取得成功，就要达到集思广益的最高境界，综合所有的智慧成精华。要善于倾听大家不同的意见与看法。这就好比吃饭，一个善于集思广益的人就是一个不挑食的人，他的营养会比较均衡，身体会非常健康；而偏听偏信、一意孤行、只认可相同意见就好比是严重偏食，这样的人，他的营养摄入就很不均衡，身体自然就会出现种种病理反应，甚至整个人完全垮掉。

在工作中，我们不难发现，集思广益的合作威力无比。

一个人有无智慧，往往体现在做事的方法上。山外有山，人外有人。借用别人的智慧，助己成功，是必不可少的成事之道。

你应该明白，不嫉妒别人的长处，善于发现别人的长处，并能够加以利用，协调别人为自己做事，与合作人之间建立良好的信誉，是成大事的基本法则。

如果你觉得有必要培养某种自己欠缺的才能，不妨主动去找具备这种特长的人，请他参与相关团体。三国中的刘备，文才不如诸葛亮，武功不如关羽、张飞、赵云，但他有一种别人不及的优点，那就是一种巨大的协调能力，他能够吸引这些优秀的人才为他所用。多一样才华，就好比锦上添花；而且通过这种渠道结识的人，也将成为你的伙伴、同业、同事、专业顾问，甚至变成朋友。能集合众人才智的公司，才有茁壮成长、迈向成功之路的可能。

能够发现自己和别人的才能，并能灵活运用的人，就等于找到了成功的力量。聪明的人善于从别人身上吸取智慧的营养补充自己。从别人那里借用智慧，比从别人那里获得金钱更为划算。读过《圣经》的人都知道，摩西算是世界上最早的教导者之一。他懂得一个道理：一个人只要得到其他人的帮助，就可以做成更多的事情。

当摩西带领以色列人民前往上帝许诺给他们的领地时，他的岳父杰塞罗发现摩西的工作实在过度，如果他一直这样下去的话，人们很快就会吃苦头了。于是杰塞罗想法帮助摩西解决了问题。他告诉摩西将这群人分成几组，每组1000人，然后再将每组分成10个小组，每组100人，再将100人分成2组，每组各50人。最后，再将50人分成5组，每组各10人。然后，杰塞罗又教导摩西，要他让每一组选出一位首领，而且这位首领必须负责解决本组成员所遇到的任何问题。摩西接受了建议，并吩咐那些负责1000人的首领，让他们去分别找到能协助自己胜任的伙伴。

用心去倾听每个人对你的计划的看法，是一种美德，它是一种虚怀若谷的表现。他们的意见，你不见得各个都赞同，但有些看法和心得，一定是你不曾想过、考虑过的。广纳意见，将有助于你迈向成功之路。

万一你碰上向你浇冷水的人，就算你不打算与他们再有牵扯，还是不妨想想他们不赞同你的原因是否很有道理？他们是否看见了你看不见的盲点？他们的理由和观点是否与你相同？他们是不是以偏见审视你的计划？问他们深入一点的问题，请他们解释反对你的原因，请他们给你一点建议，并且你要诚恳地接受。

另外，还有一种人，他们无论对谁的计划都会大肆批评，认为天下所有人的智商都不及他们。其实他们根本不了解你想做什么，只是一味地认为你的计划一文不值，注定失败，连试都不用试。这种人为了夸大自己的能力，不惜把别人打入地狱。

要是碰上这种人，别再浪费你宝贵的时间和精力，苦苦向他们解释你的理想一定办得到。你还是去寻找能够与你分担梦想的人吧。

一位植物学教授打过一个比方："许多自然现象显示：全体大于部分的总和。不同植物生长在一起，根部会相互缠绕，土质会因此改善，植物比单独生长更为茂盛；两块砖头所能承受的力量大于单独承受力的总和。"

这些原理也同样适用于人，但也会有例外。只有当人人都敞开胸怀，以接纳的心态尊重差异时，才能众志成城。这时与人合作才能达到集思广益的最高境界。

5. 爱你的敌人并不吃亏

"爱"是友好的表示，爱亲人，爱朋友，爱恋人，这都是内心情感的需要，是人的本能；而"爱敌人"却是令人费解的事……

体育竞技场是最能体现这种特殊的情感的地方。随着比赛哨声的吹响，拳击台上走来两位选手。他们两位可以称得上是势均力敌。走在前面的那位叫阿森，笑容满面，礼貌地向全场观众挥手致意。后面那位叫约翰，显然他还没有消除对阿森的敌意，因为上一场比赛阿森让他出尽了丑。约翰一上场，就虎视眈眈地瞪着阿森，对全场热情的观众不理不睬，甚至连比赛的礼仪——双方握手拥抱——也粗暴地拒绝，就那样瞪着血红的眼睛，看着阿森，单等裁判的哨声。对于约翰的无礼，阿森显得比较宽容，耸耸肩，一笑了之。

比赛一开始，约翰就以夺命招来对付阿森，企图先声夺人，置对手于死地。不但阿森心里明白，连全场观众也知道约翰这是在报仇，是在发泄，而不是在进行高质量高水平的比赛。于是所有的目光都聚集在阿森身上，所有人都在为阿森加油。

终于，比赛以阿森胜利而告终，这结果实在是众望所归。如果我们说这场比赛的胜负取决于两人的态度和心态，似乎有些武断，甚至是牵强附会。但不可否认，在这场势均力敌的比赛中，良好的心态绝对是阿森取胜的重要原因。

无论如何，爱你的敌人并不吃亏。这句话要怎么理解呢？

能爱自己敌人的人将站在主动的地位，采取主动的人是"制人而不受制于人"；你采取主动，不只迷惑了对方，使对方搞不清你对他的态度，也迷惑了第三者，搞不清楚你和对方到底是敌是友，甚至都有误认为你们已"化敌为友"的可能。可是，是敌是友，只有当事人心里才明白；你的主动，无疑使对方处于"接招""应战"的被动态势，如果对方不能也"爱"你，那么他将得到一个"没有器量"之类的评语，一经比较，二人在心中的分量立即分出轻重。所以当众拥抱你的敌人，除了可在某种程度之内降低对方对你的敌意，也可避免恶化你对对方的敌意；换句话说，为敌为友之间，留一条灰色地带，免得敌意鲜明，反而阻挡了自己的去路与退路。

此外，你的行为，也将使对方失去攻击你的立场，若他不理你的拥抱而依旧攻击你，那么他必招致大家的谴责。

罗纳先生曾在维也纳当了很多年律师，但是在第二次世界大战期间，他逃到瑞典，一文不名，很需要找份工作。因为他能说并能写好几国的语言文字，所以希望能够在一家进出口公司里，找一份秘书工作。绝大多数的公司都回信告诉他，因为正在打仗，他们不需要这一类的人，不过他们会把他的名字存在档案里……等等。但是一家公司在写给罗纳的信上说："你对我生意的了解完全错误。你既错又笨，我根本不需要任何替我写信的秘书。即使我需要，也不会请你，因为你连瑞典文也写不好，信里全是错字。"

当罗纳看到这封信的时候，简直气得发疯。于是罗纳也写了一封信，目的要想使那个人大发脾气。但接着他就停下来对自己说："等一等，我怎么知道这个人说的是不是对的？我修过瑞典文，可是这并不是我的母语，也许我确实犯了很多我并不知道的错误。如果是那样的话，那么我想要得到一份工作，就必须再努力的学习。这个人可能帮了我一个大忙，虽然他本意并非如此。他用这种难听的话来表达他的意见，并不表示我就不亏欠他，所以应该写封信给他，在信上感谢他一番。"

罗纳撕掉了他刚刚已经写好的那封骂人的信，另外写了一封信说："你这样不嫌麻烦地写信给我实在是太好了，尤其是你并不需要一个替你写信的秘书。对于我把贵公司业务弄错的事我觉得非常抱歉，我之所以写信给你，是因为我向别人打听，而别人把你介绍给我，说你是这一行的领导人物。我并不知道我的信上有很多语法上的错误，我觉得很惭愧，也很难过。我现在打算更努力地去学习瑞典文，以改正我的错误，谢谢你帮助我走上改进之路。"

不到几天，罗纳就收到了那个人的信，请罗纳去看他。罗纳因此得到了一份工作。

爱你的敌人这个行为一旦做了出来，久了会成为习惯，让你和人相处时，能容天下人、天下物。出入无碍，进退自如，这正是成就大事业的本钱。

6. 优势互补，团结合作

现在，不管你走到世界的哪家企业，你都会听到人们在谈论团队。正如日本企业家盛田昭夫所预言的：企业组织形式正经历着一场深刻的革命，工业革命以来的传统的垂直式的功能化的管理模式将逐渐被淘汰，取而代之的是以团队为核心的扁平式的过程化的管理组织模式。

如今，企业管理已经步入了一个团队管理的时代。种种迹象表明，曾经对下级发号施令的经理们，将被有创造性和控制力、能帮助团队成员、与他们共同工作并完成任务的领导者所取代。同样，作为团队的一名成员，每个人的成功也在很大程度上取决于能否与其他成员合作以实现既定目标。总而言之，充满凝聚力的团队模式早已成为主流。

工作中的团队合作理念起源于美国。但是，团队建设在日本的公司里所占的比重更大，甚至有很多企业家都以此作为学习与了解日本经济和文化的一个突破口。

事实上，有些专家分析认为，正因为日本人欣赏团队合作，所以才奠定了他们在当今世界经济之林中的领先地位。

全球著名的本田汽车公司，就拥有一支优秀的、有凝聚力的团队。本田的创始人本田纯一郎，是从一名汽车修理工发展成为全球闻名汽车公司带头人的。但他一直强调，事业的成功仅靠个人努力是不行的，要实现远大的目标，不仅需要得力助手的相助，还要依靠所有员工的共同努力。的确，在本田纯一郎的成功之路上，其助手藤泽武夫、河岛喜好、西田通弘等，都为本田事业的发展做出了极为重要的贡献。同时，在这几位精诚合作的事业伙伴的带领之下，本田公司的精英们各展其才，共同打造出了一个誉满全球的汽车王国。

公司创立之初，本田凭着自己的魄力和果断的作风，攻破了一个又一个难题。但是当公司发展壮大之后，他个人在销售环节上的弱点却成了公司继续发展的一大障碍。

本田没有自己的销售网络，所以只能把自己的产品交给销售商独家代售。销售商为了自己的利益，故意制造市场上供不应求的局面。从而导致一方面本田公司的产品积压日增，另一方面其竞争对手们也推出了新产品，使本田公司的产品销售量剧减。

就在公司陷入进退维谷的困境时，本田遇到了他一生的事业伙伴和知己——销售奇才藤泽武夫。两人很快就达成了共识。藤泽武夫带着他的全部身家25万日元，投资加入了本田技术研究工业公司。

藤泽加盟后的第一个重大决策，就是建立一套自己的配销系统。投入全球资金进行整车生产，并将全国市场划成若干大区域，每个区域设立本田的独家代售商。代售商再将他管辖下地区划成若干小区域，再分别授权给若干零售商。就这样，本田公司很快就建立了一个遍布全国的销售网络。

正是因为有了藤泽的辅佐，本田技术研究工业公司才开始了飞速的发展。本田曾说过一句看似玩笑却意味深长的话："我对经销一窍不通，是个十足的门外汉。藤泽不懂技术，虽有驾照，可外出时却没有开过一次车。我们俩合起来才算一个企业的经营者。"

正因如此，自从藤泽加入公司后，本田就将公司的销售、人事、财务以及其他事务全权交给了他，甚至连公司最重要的印章都交给藤泽保管。本田自己则全身心投入于科研工作。现在，世界上每四辆摩托车中就有一辆是本田的产品；本田的汽车产量已达100万辆，几乎全世界的每一条路上都有本田车的足迹。本田公司能取得如此辉煌的成就，离不开本田与藤泽的优势互补，离不开日本民族所看重的团队合作。

确实，日本公司的团队管理模式与日本民族所特有的民族性密不可分，但是，这并不代表这样的团队结构只能在日本运用。通过引入质量小组、开展员工参与、果断地根据美国实际运用团队的概况，以及实施员工持股计划等，美国公司也已经做出尝试，开始仿效他们的日本对手，并取得了相当不错的成功。沃尔玛、通用、IBM等，无疑都已经拥有了令世人瞩目的高凝聚力企业团队。

或许，中层管理者固守权力，工会领导担心失业，所以他们会抵制团队战略和团队合作的做法。然而，那些充分利用团队合作的竞争企业已经对美国的企业安全构成了威胁，所以很多反对这方面的人转变了态度。在20世纪90年代，几乎所有美国大型企业都投入了大量的人力和财力，用于管理层和员工的团队合作培训和凝聚力打造。

就目前而言，凡进入世界500强的企业，无不致力于团队建设，而且都致力于团队规范化的建设。

当然，团队及其凝聚力建设是一个漫长而艰难的过程。而且，团队虽有相对的独立性，但它们毕竟还是依托于公司而生存的。这就要求所有的团队领导者，在团队的建设和发展中，必须重视团队之间的合作与交流；优势互补，以精英团队带动整个企业的发展。

要想成为未来的企业领导者，就必须具备激励他人、培养员工的奉献意识、帮助团队为实现企业的远大目标而制定规划的能力。而要想成为一名优秀的团队成员，就必须善于表现自己的技能，证明你在团队中的重要性；同时，至关重要的一点，是将团结、合作摆在第一位。

7. 先给结果，再谈回报

有道是："不谋全局者，不足以谋一域。"如果一个人眼睛只盯着自己的一亩三分地，你这一亩三分地就肯定能管得好吗？"机遇总是垂青有准备的头脑"，提拔你的机会果真来了，你能有把握坐好这个位子吗？你具备胜任这一职位的能力吗？

在职场上，你想要得到一个更高的职位，如果没有做好相应能力的准备，即使真的给了你这样的职位和机会，你也会败下阵来。所以，想要晋升到更高的职位，必须懂得"欲谋其位，先谋其事"的道理。如果你想要取代你的领导，在私下里就要学习领导的办事能力，思考领导职责范围内的一些事情。一旦你做好了这些准备，领导也会给你机会的。

孙思娇是一家国有企业的办公室文员。她每天要拆阅、分类大量的公司信件，工作内容单调，工资也不高，很多女孩子都待了没多久就跳槽走了，但是孙思娇却坚持了下来，而且工作愈加努力。每天她总是第一个来到办公室，除了做好本职工作外，还把那些并非自己职责范围内的事——

诸如替办公室主任整理材料等也做得无可挑剔。终于有一天，办公室秘书因故辞职了，在挑选合适的继任者时，办公室主任很自然地想到了孙思娇，相信她完全可以胜任这份工作，因为她在没有得到这个职位之前就一直在做这份工作了。

做了办公室秘书的孙思娇依然努力工作，每每办公室主任需要加班赶材料时，她总是悄无声息地留下来帮领导的忙。后来主任升为总公司行政总监的时候，她又理所当然地得到了办公室主任的职位。

俗话说："一分耕耘，一分收获。"要想脱颖而出，不仅要做好自己分内的工作，而且还要多干一点儿，为将来晋升后的工作提前准备。一个下属能够做到这一点，往往能比别人走得更快，从而获得更多晋升的机会。

具体而言，平时应多留心观察领导是怎样处理日常工作的，要善于站在领导的立场上考虑问题。虽然"预谋其政"并不一定能起到立竿见影的效果，甚至不能够在领导面前流露出来，但是经常"预谋其政"，观察和思考领导处理的一些事情，就能够在无形中锻炼自己的领导能力。具备了领导能力后，一旦有了表现的机会，就可以一鸣惊人，让人刮目相看。

"预谋其政"不等于越权替领导做主，而是站在一个辅助角色的位置上，为领导出主意、想办法、排忧解难，这样一来，无形中你也会对自己的工作态度、工作方式以及工作成果树立一个更高的要求与标准，今后加薪晋职的机会自然会垂青你。

选择人才、提拔干部就是为了让企业赢利。赢利是目的，手段是为目的服务的，手段离开目的就失去方向，所以手段必须与目的保持一致。日本当代著名的经营管理学家土光敏夫有句名言："撑杆跳的横竿总是要不断往上升的，不能跳跃它的人，就应尽快离开竞技场。"

工作中，有些员工为了在领导面前表现，往往信口开河。如果领导问他工作完成得如何，他总是说："放心吧，很快就做完了。"这种做法实际上是不可取的。聪明的员工会很客观地回答："还有一些困难，但是请放心，我有信心做好。"即使在完成之后，如果不是很完美，也不应急于给领导看，要尽力做到最好然后才展示给领导。

职场中，做完了该做的事再争取升职是一种职场美德，可以给你带来宝贵的名誉，可以为你赢来别人的尊重，是能让你快速升职的重要砝码。

美国IBM计算机公司之所以发展迅速，正是因为公司服务人员在产品售后服务中有高度的责任心和持之以恒的辛勤工作以及他们信守诺言的美德。

一天，菲尼克斯城的一个用户急需重建多功能数据库的计算机配件。IBM公司得知后，立即派一位女职员送去。不料途中女职员遭遇倾盆大雨，河水猛涨，封闭了沿途的14座桥，交通阻塞，汽车已无法行驶。按常理，遇到这种情况，女职员完全有理由返回公司，但她没有被饥饿和途中的艰险所阻挡，仍勇往直前，并巧妙地利用原来存放在汽车里的一双旱冰鞋，滑向目的地。平时只需要20分钟的路程，今天却变成了4个小时的跋涉。女职员到达用户目的地后，又不顾旅途的疲劳，及时帮助用户解除了困难。

做完这件事情的第二天，女职员打报告汇报了这一切。很快，她就得到了晋升。

在现实中，有些员工为了在领导面前讨巧，经常不考虑自身能力，对领导的任何问题都以"没问题""您放心""包在我身上"回应。能办成了还好，如果不能办成，往往会给领导留下不好的印象，领导还怎么可能放心把重任交给这样的员工呢?

在升职的道路上，不仅要"先谋其事"，还要学会用事实说话，先给领导他想要的"结果"，才能争取到自己想要的"结果"。

第八章

合作双赢：
一个篱笆三个桩，一个好汉三个帮

◇◆

　　无论你是一个怎样的天才，无论你多么能干，一个人的能力总是有限的。再优秀的管理者，也不应该把每件事都包揽下来，而应巧妙安排工作，大家协作完成。

1. 单打独斗，迟早要摔跟头

"滴水不成海，独木难成林"，一个人的力量毕竟是有限的，只有凝聚众人的力量，团结合作，才能促成"众人种树树成林，大家栽花花满园"的壮丽局面。

人与人之间需要一种合作的关系！合作就要团结，大家都知道"团结就是力量"；没错，一个人的力量再强大，也比不上大家团结合作的力量大。

圣玛诺是美国著名的百货公司圣玛诺·皮埃尔公司的创始人之一。他一生最大的长处，也是他成功的最主要原因，就是他的善于与人合作。

圣玛诺在刚开始创业的时候，饱尝了"伙伴难找"的滋味。直到一天晚上，他遇到了在自己的事业中起关键作用的人皮埃尔。两人一见如故，隔着桌子热烈地拥抱在一起。以两人姓氏为名的、后来成为世界性大企业的"圣玛诺·皮埃尔公司"在拥抱中诞生了。合作带来了新的财力和机遇，圣玛诺如虎添翼，公司第一年的营业额就比圣玛诺单干时增加了将近10倍，高达40万美元。

合作的第二年，公司营业额增长更快，这种发展速度是两人始料未及的。在他俩明显地感到力不从心之后，皮埃尔提议说："我们何不请一个有才能的人参加我们的生意？"圣玛诺对他这个建议由衷地赞同："好吧，我们为我们的生意找个老板。"

圣玛诺和皮埃尔经过几番探询，终于，一个布店老板进入了他们的视线。一家人群拥挤的布店门前，贴着的大纸上写道：衣料已售完，明日有新货进来。那些抢购的女人，唯恐明天买不到，都在预先交钱。伙计解释说，这种法国衣料原料不多，难以大量供应。圣玛诺知道这种布料进的不多，但并非因为缺少原料，而是因为销路不好，没法再继续进口。看到布店老板对女人心理如此巧妙地运用，以缺货来吊起时髦女性的胃口，他实在觉得这个老板手法高人一筹，令人佩服。

圣玛诺和皮埃尔不约而同地认为：这个人就是他们要找的人。然而，他俩与店主见面后却大出意外，不禁面面相觑。原来他们彼此已认识好几年，只是对这个店主戴维斯没有什么特殊的印象。寒暄之后，圣玛诺开门见山地对戴维斯说："我们想请你参加我们的生意，坦白地说，是想请你去当总经理。"

当上总经理的戴维斯为报知遇之恩，工作非常投入，取得了惊人的成就。圣玛诺·皮埃尔公司声誉日隆，10年之中，营业额竟增加了600多倍，拥有30万员工，每年的销售额有将近70亿美元。

在竞争日趋激烈的商业社会里，合作之道早已成为一股强大的力量！因此，要想成为强者，脱颖而出，最直接最有效的方法莫过于寻求功成名就之士并与之合作。

长安集团拥有七大汽车制造企业，"长安"品牌的价值如今已高达46.18亿元，成为国内小型车行业最有价值的汽车品牌。应该说，长安这些成绩的取得，是离不开长安集团总裁尹家绪与美国福特——这个世界汽车工业巨头的合作的。

尹家绪在上任长安集团总裁不久，即开始积极寻求海外合作伙伴。幸运的是，在当时，美国福特公司也在苦苦寻觅着它的"心上人"，于是两者一拍即合。2000年4月25日，长安汽车（集团）公司与福特汽车公司签署了合作开发生产轿车的合资合同。

长安与福特联姻震动了当时的中国汽车界。因为业内人士十分清楚，这一"联姻"将使长安集团迅速成长为中国汽车业中的一支主力军，用长安人自己的话说就是"重庆长安在中国市场同时也有了发言权"。果然不出众人所料，迄今为止，长安集团借此已经在国外建设多条生产线，而合资后的第二年即2001年，长安汽车的出口量就突破近3000辆大关，成为当年国内微型汽车企业出口量之最。

长安集团之所以有了今天的辉煌，就是因为长安集团的领导者们把聪慧的头脑用在了合作之上，借用别人的力量来发展和壮大自己。这也充分说明，众人拾柴火焰高；大家无穷的力量，才是让你实现自我超越的强劲动力。

俗话说"人多力量大""团结就是力量""人心齐，泰山移"，良好的人际关系可以让人与人之间产生一种合作的愿望，一位成功的企业家说："现在的创业时代，早已不是单打独斗、充当个人英雄的时代了。大家互惠互利，合作双赢才是硬道理。"在现实生活中，没有人能够成为一个无所不能的超人。我们必须告别单枪匹马的时代，学会合作取胜。

2. 团队的凝聚力比什么都重要

在今天的商界，靠个人单打独斗已经很难赢得市场的决胜权，只有通过团队的力量才能提升企业整体的竞争力。

作为企业的一分子，一名优秀的员工能自觉地找到自己在团队中的位置，能自觉地服从团体运作的需要，能把团体的成功看作发挥个人才能的目标。他不是一个自以为是、好出风头的孤胆英雄，而是一个充满合作激情、能够克制自我、与同事共创辉煌的人；因为他明白离开了团队，他将一事无成，而有了团队合作，他可以与别人一同创造奇迹。

蒋志国是一家营销公司的优秀营销员。他所在部门的团队协作的精神十分出众，因此，每一个人的成绩都特别突出。

后来，这种和谐而又融洽的合作氛围被蒋志国破坏了。

前一段时间，公司的高层把一项重要的项目安排给蒋志国所在的部门，蒋志国的主管反复斟酌考虑，犹豫不决，最终没有拿出一个可行的工作方案。而蒋志国则认为自己对这个项目有十分周详而又容易操作的方案。为了表现自己，他没有与主管磋商，更没有向他提出自己的方案，而是越过他，直接向总经理说明自己愿意承担这项任务，并向他提出了可行性方案。

他的这种做法严重地伤害了部门经理的感情，破坏了团队精神。结果，当总经理安排他与部门经理共同操作这个项目时，两个人在工作上不能达成一致意见，产生了重大的分歧，导致团队内部出现分裂。团队精神涣散了，项目自然在他们手中流产了。

一个团队的伟大并不是由于某个成员的伟大，而是他们作为一个集体的伟大。正如海尔的张瑞敏所说：就单个员工而言，海尔员工并不比其他企业员工优秀，但能力互补、具有良好团队合作精神的"海尔团队"的确是无坚不摧的。

在现代社会，团队的力量远远大于一个个单独的优秀人才的力量。在当今世界，任何具有重大意义的科学研究、理论探索、技术工程等，都不可能凭借个人单枪匹马的奋斗完成。

秋去春归的大雁在飞行时总是结队为伴，队形一会儿呈"一"字，一会呈"人"字，一会又呈"V"字，它们为什么要编队飞行呢？

原来，编队飞行能产生一种空气动力学的节能效应。一群由25只编成"V"字队形飞行的大雁团队，要比具有同样能量但单独飞行的大雁多飞

70%的路程。也就是说，编队飞行的大雁能飞得更远。

当大雁向下扑翅膀时，在它的翼尖附近就产生了一种上升流，每一只在编队中飞行的大雁都能利用到邻近它的另一只大雁所产生的这股上升流，因此大雁只需消耗较少的能量就能飞翔。大雁的这种行为并不是出于它们对这种上升流的理解，而是感觉到这样飞行时不太费力，只需要调整它们的飞行姿势就行了。

以水平线形飞行的雁也可获得这种邻近升力，但以这种方式飞行时，中间的那只雁要比排列在任何一侧飞行的雁获得更大的上升助力。而在"V"字形编队中，这种升力的分布相当均匀，虽然领头的雁所受到的空气摩擦力要比后面的那些雁大，但这一点由排在两侧飞行的雁所产生的上升流弥补。那么排在"V"字形队末飞行的雁只能从一侧获得这种上升流，它消耗的能量是否多些？并不是这样，因为其他的雁都在它的前面飞行，所以这种来自一侧的上升流是相当强的，而且雁的这种"V"字形编队不需要绝对的对称也能具有这种升力特性，即排列在一侧的雁可以比另一侧多一些。

一滴水是微不足道的，整个大海却是无限的。一个人的力量是有限的，集体的力量却是巨大的。真正的成功来自和谐的团队，只有企业中的整个员工队伍紧密团结起来，才会产生巨大的力量和智慧，并最终走向胜利，获得最大效益。

3. 机遇的潜台词是朋友

我们总是习惯在一个人取得成功的时候说："那还不是他的机遇好！"是的，事实的确如此，在2013年中国百富榜上数十位成功企业家最看重的十大财富榜评选当中，机遇排到了第二位。但是我们为什么不问："为什么他的机遇比别人好？"难道是上苍不公平，偏心他不成？不，机遇对任何一个人都是公平的，不同的是朋友关系的不同，可以说机遇就是朋友的潜台词，朋友关系的优劣，直接影响到机遇的多少。

学历、金钱、背景、机会……也许这一切你现在还没有，但是你可以打造一把叩开成功之门的金钥匙——朋友。在这个朋友决定输赢的年代，你不要奢望自己像武侠小说中的高手，靠一身武功就能称霸天下，而应该把自己打造成站在巨人肩膀上的英雄。

朱元璋能成功就得益于此。至正十二年（1352年）闰三月初一，朱元璋投靠郭子兴，被守城将士误当成元军的奸细，差点就把他杀死，被郭子兴救下，收为步卒。从那以后，朱元璋就采取了"关键关系术"。

朱元璋是个聪明人，他知道郭子兴对自己事业的发展有着不可估量的作用，拉近与郭子兴的关系，也就等于拉近了与成功的距离。因此他非常努力，以出色的才能，让郭子兴坚信自己并未看错人。被收为步卒后，朱元璋每天在队长的带领下，与大家一起练习武艺；他非常明白，要想出人头地，在当时的条件下，唯一的途径就是拼命努力，这样才能引起郭子兴的注意。

所以，他总是比别人练得刻苦，练得认真，练得时间长，在十几天的时间里，就已经是队里出类拔萃的角色。郭子兴非常喜欢他，每次领兵出击，都会把他带在身边，而朱元璋也总是小心地护卫郭子兴，作战十分勇猛，斩杀俘虏过不少敌人。

因表现出色，不久，朱元璋就被郭子兴调到元帅府做了亲兵九夫长。遇上重要事情，郭子兴总不忘征求一下他的意见，每次他都尽力谋划。郭子兴越来越觉得他有胆有识、有勇有谋，是个将才。

再后来，郭子兴就派朱元璋单独领兵作战。每次打仗，朱元璋总是身先士卒，冲杀在最前面；得到战利品，他又分毫不取，全部分给部下，因而部下都非常拥护他。每次出战，大家都齐心合力，所向披靡。

郭子兴见朱元璋带领的部队，凝聚力空前增强，战斗力大为提高。于是，对朱元璋比以前更加器重，特别想把他收为心腹，让他真心真意、死心塌地地跟着自己干。

我们祖先创造了"人"这个字，可以说是世界上最伟大的发明，一撇一捺两个独立的个体，相互支撑、相互依存、相互帮助，形象、完美地阐释了人的生命意义。

由一无所有到世界富豪的李兆基是一个商业奇迹，也是香港人的骄傲。美国《福布斯》杂志报道，李兆基1997年的资产达150亿美元，是当时亚洲最富有的人，也是世界第四大富翁。2011年，李兆基的财富更是达到195亿美元。

1984年，李兆基怀揣1000元钱，独自来到了东方之珠——香港——这个美丽朝气的城市。他有信心以他的金银业看家本领闯天下。

当时的香港中环文咸东街，足足有二三十间金铺银店，专营黄金买卖、外币找换、汇兑等生意，业务性质跟李兆基在顺德的永生银号没有分别。李兆基来到香港之后，开始在那些金铺银店挂单做买卖，凭着自己对黄金的熟稔和对市场的把握，李兆基很快就赚到了人生的第一桶金。

有了本钱，他又开始做五金生意，搞进出口贸易，钞票像滚雪球一样越滚越大。钱对他来说，不再是可望而不可即的东西，幼年时对财富的渴望，到这时已经知足。可不知为什么，他对这些生意始终提不起兴趣，面对着流水般涌来的钞票，他的不安心理与日俱增。

后来，李兆基回忆当年生活时曾说："我七八岁时就常到父亲的铺头吃饭，自小对生意已耳濡目染，后来在银庄工作，令我深深体会到无论法币、伪币、金圆券等，都可随着政治的变迁，在一夜之间变成废纸，令我领悟到持有实物才是保值的最佳办法。"于是，已过而立之年的李兆基在经过深思熟虑之后，毅然选择了地产，走上了一条日后为他带来无量前途的实业之路。

第二次世界大战之后的香港人口激增，工商业日益发达。1954年政府公布：全港经营登记的工厂共有2494家，下属工人11万多人，未曾登记的工厂工人数目逾10万，增幅接近去年的一倍。李兆基并不认为政府建设楼宇的步伐能赶得上民生的迫切需要，他看准时机，准备大干一场。

在1958年，李兆基和两位志同道合的朋友郭得胜、冯景禧共同组建永业企业公司，开始他们向地产业的进军。

三位好友中，郭得胜年龄最长，经验丰富，老谋深算；冯景禧居中，精通财务，擅长证券；李兆基虽然最年轻，却足智多谋，反应敏捷。公司成立后的第一桩生意，就是买入沙田酒店，然后再以低价收购一些无人问津而又富有发展潜力的地皮，重建物业出售。他们"分层出售，分期付款"的推销方式颇受市民欢迎，效益显著。就这样，"永业"初涉地产便一炮打响，站稳了脚跟，郭、李、冯三人声名大振，得到了"三剑侠"的赞誉，而李兆基因为年龄最小，被称为"地产小侠"。

李兆基正是因为有这些朋友，才能拥有后来的房地产王国。

对于每个人来说，无论你是穷人还是富人，假如你希望将来可以拥有更多的财富，并且延续下去，那请为你以后的财路交更多的朋友，这样自己在财富的道路上才能越走越宽阔。

4. 一个神秘的生财方式——合伙

在商界，竞争日益激烈，想长久地立于不败之地，合伙赚钱就成了必不可少的合作方式。

一个人的智慧是有限的，因而要借助他人的意见来参考；一个企业的技术也是有限的，因而要借助并吸收其他企业的先进技术和成果。所以，合伙做生意的形式就应运而生了。

松下幸之助说："松下不能缺少的精神就是合作，合作使松下成为一个有战斗力的团队。"

1952年，日本松下电器公司与荷兰菲利浦公司就有关技术合作问题进行商务谈判。为了保证技术合作项目的效益稳定，松下幸之助对菲利浦公司做了深入细致的调查研究。在调查菲利浦公司一个拥有3000名研究人员的研究所时，松下幸之助发现他们设备精良，技术先进，人才济济，每天都在进行着世界最新技术和最新产品的开发研究。

松下幸之助非常明白，如果依靠自己现在的技术和力量，想要创造一个这样大规模、这样高水平的研究所，要花上几年的时间、耗用几十亿日元。而如果通过与之合作，便可以充分利用菲利浦公司现有研究团队和研究技术，何乐而不为呢？

于是，松下幸之助决定支付55万美元作为专利转让费，并且以总付形式一次付清。就这样，通过与菲利浦公司的合作，松下幸之助得到了来自菲利浦公司的技术支持。还有他们的研发技术、理论知识和管理经验等等。

虽然这笔相当于两亿日元的技术转让费对松下公司来说是一个相当沉重的负担。但是，在双方合作期间，松下公司便利、迅速地获得了菲利浦公司最新的技术。双方的合作，为松下电器公司发展成为驰名全日本乃至全世界的公司打下了坚实的基础。菲利浦公司称雄世界的技术实力，使松下公司最终发展成为世界著名的电子工业公司。

前英特尔公司总裁兼首席行政官安迪·格鲁夫说："一个企业，一个政府以及人类社会的大多数组织活动不但是由单个人参与的，更是由一定的团队集体行动完成的。"卡耐基说："放弃合作，就等于自动向竞争对手认输。"朗讯CEO陆思博说："合作对于今天的企业而言，就是生命。没有合作精神的员工会对企业极不负责任。"

同样，在生意场上合作精神也是非常重要的。精明的商人会把市场竞争看作一块蛋糕，并与合作者甚至竞争者联手做蛋糕，蛋糕做得越大，大家分得也就越多。这样，参与合作的双方都能得到最满意的结果。有钱大家赚、和气能生财不是一句口号，而是指导经商行为的金玉良言。

美国著名财富大亨摩根就认为，竞争是无谓的浪费和消耗自身实力的无聊游戏，与其绞尽脑汁地和对手拼个你死我活，不如绕过竞争，与人联合，如此才是繁荣和稳定之道。

摩根在掌控市场方面有着独到的智慧。当华尔街的商行林立，竞争异常激烈的时候，摩根并不像别的同行那样，时时想着怎样与对手一较高低，抢得更多的市场。他总是把目光看得更加长远。摩根认为，争取合作不仅避免了竞争带来的负面影响，而且还能快速壮大自己的事业。所以在1864年，摩根就在这一思想的引导下，与查斯·达布尼——原邓肯商行的同事一起组建了达布尼——摩根公司，专门从事债券、各种商业票据及通货和黄金的买卖。

在1873年，摩根又与费城第二大金融公司的老板——安东尼·德雷克歇联合，组成了德雷克歇——摩根公司，该公司成为全国最强有力的金融投资商行。摩根以无可争议的实力，在欧洲分配主要证券，统治着美国公债市场。

1884年开始于银行破产的第二次金融危机在欧美发生了，这次危机，又迅速波及证券交易所。然而由于摩根买下了被惊慌失措的投资者和投机者们倾销到市场上的各类证券，才使这次危机没有演变成如1873年那样的大崩溃。

摩根在华尔街的地位显赫。他又开始把眼光投向了铁路、钢铁等其他领域。他先是夺取了全美最重要的一条铁路——萨斯科哈那铁路的控制权，接着又为范德比尔特的纽约中央铁路公司成功销售了2500万美元的股票，还不断地把各家倒闭的铁路公司收购下来，到1900年摩根公司成为美国最强大的铁路公司。与此同时，摩根用融资的手段合并了美国中西部的一系列中小钢铁公司，成立了联邦钢铁公司，接着又收购了一些大的钢铁公司，于1901年，摩根通过多年的合作经营理念，终于成立了美国钢铁公司。

众所周知，独狼并不是最强大的，只有独狼合群才能让他们的力量达到空前的强大，所以才会有"猛虎也怕群狼"之说。而对于我们人类来说，尤其是经商者，合伙的生财方式，也是任何时候都不可或缺的。

5. 不回避竞争，但更呼唤合作

现代社会不能回避竞争，但较之竞争更呼唤合作。

战国时期有一则关于"合纵连横"的故事，对于认识合作与竞争的关系很有参考价值。

秦国重用商鞅实行变法，逐步强大起来。商鞅定策，先击败魏国以据黄河、函谷关天险，再出兵攻击山东诸国，进而完成统一大业。

强秦对魏、赵、韩等国的战争节节胜利，山东诸国害怕起来，不知道怎样来对抗秦国的侵略。这时，洛阳的策士苏秦创合纵说。公元前334年，苏秦向燕文侯呈说合纵的利益，得到文侯的赞赏与支持，并请他去联络各国。随后，赵、韩、魏、齐、楚都支持合纵说，共推赵王做纵约长，请苏秦一人佩六国相印。

为对抗苏秦的合纵，秦昭王以山东策士张仪为相，进行连横——暂时联合一个或几个国家，集中力量打击另外一个或几个国家。

苏秦"合纵"的最初几年里，赵、韩、魏、齐、楚、燕六国有效地抵御了强秦的进攻。但是，由于各国的利害关系难以协调一致，再加张仪"连横"的破坏，"合纵"难以长久实施，六国也因此而被秦国一一消灭。

企业间的竞争与合作也是如此，面对强大的对手，相对弱小的企业相互合作，就可以增强抵抗的力量。如果相互对抗，则只能加速被强大对手打败的进程。

某集团投资千万元招标信息化项目，该项目又包含了一揽子小项目。对于ABC计算机公司来说，这是个千载难逢的好机会。

但要想完整中标该项目，需要ABC公司内的3个业务部门通力合作。出于调动各部门积极性、加强部门之间相互竞争等考虑，ABC公司管理层做出决定：让每个部门单独对项目进行投标，无论哪个部门赢得合同，另外两个部门都被当作分包商。

经过几十次讨论、修改标书、与客户沟通，其中一个部门终于赢得了项目合同。项目的顺利落地，让管理层认为这种竞争是有益的。

但4个月后，其结果截然相反。由于存在竞争关系，3个部门之间拒绝沟通，不愿共享信息。为了保证本部门利益，赢得合同的部门常常将少量的工作外包，没有充分利用其他两个部门的资源，造成项目成本相对较高，甚至出现了停工的现象。

这个例子充分说明了单纯竞争的劣势和合作的必要性。

传统的商业理念过于强调竞争，企业和相关企业之间只是交易和竞争的关系。企业采取的竞争性战略往往是在同一块蛋糕里争夺，这种你死我活的输赢之争，不仅使企业外部竞争环境恶化，而且使企业错失许多良机。如有的竭尽全能甚至不切实际地在用户面前赞美自己产品的同时，又用尖刻的语言去攻击、诋毁竞争对手；有的在困难时期尚能良好合作，而一旦环境改善就"过河拆桥"分道扬镳，只能"共苦"，不能"同甘"；有的片面采用价格战把市场秩序搞乱，以达到"我不行，你也别想出头"的目的。一家生产精细化学品的民营企业为了使自己的产品占领市场，无端指责对方的产品，甚至在一次精细化学品展览会上当着客户的面唇枪舌剑，导致双方都丢掉了订单。

在网络经济时代，全球一体化使得竞争格局发生了根本变化，企业之间的竞争从追求厂房、设备等有形资产的竞争转向高科技、无形资产的竞争，从价格、质量竞争转向信息、人才竞争。面对技术变更加速和全球化经济竞争日益加剧的严峻挑战，仅靠企业自身的力量来长久地维持其竞争优势已非易事；顺应时代的发展，企业越来越需要为竞争而合作，靠合作来竞争。合作竞争的理念，使拥有不同优势的企业在竞争的同时也注重彼此之间的合作，通过优势互补，共同创造一块更大的蛋糕，来实现"双赢"或"群赢"。但从竞争到合作，同样是优胜劣汰的过程，因为谁能在竞争中通过最佳方式获得最佳合作伙伴，从而最大限度地增强自己的竞争力，谁才是市场最后的胜利者。

羰基合成醋酸技术长期被英国BP公司垄断，美国UOP、日本千代田公司和国内的西南化工研究设计院在这一领域的研究各有千秋，经过多次交流考察，3家竞争对手于1998年终于签下了共同开发羰基合成醋酸的合作协议，3个国籍的科研人员仅用1年多时间，合作就取得突破性进展，为我国实现工业化打下基础。

难怪有人说，竞争与合作一点都不矛盾，合作不仅不会影响竞争，反而能站在别人的肩膀上再登高一步，赢得更大的发展空间。

竞争与合作是相辅相成、相互平等、互为补益的关系，但是由于现今社会竞争现象的普遍出现，对于合作方面，一些人好像不太重视了。现今社会中，有很多人认为，竞争就是你死我活，竞争的双方就不能有合作的机会，他们注定是为利益而对立的"冤家"对头。其实，如果要在竞争与合作之间选择的话，聪明人一定会选择合作。

有一种"龟兔双赢理论"。龟兔赛了多次，互有输赢。后来有一次，龟兔合作，兔子把乌龟驮在背上跑到河边，然后乌龟又把兔子驮在背上游过河去。这就是"双赢"的结果，竞争对手也可以变成合作伙伴。

蹩脚兔子因骄傲在第一次赛跑中失利之后，进行了深刻的反思，并决心和乌龟作第二次较量，乌龟接受了蹩脚兔子的挑战，结果这次蹩脚兔子轻松地战胜了乌龟。乌龟很不服气，它主张再赛一次，并由自己安排制定比赛路线和规则，蹩脚兔子同意了。当蹩脚兔子遥遥领先乌龟而扬扬自得时，一条长长的河流挡在了面前，这下蹩脚兔子犯难了，坐在河边发愁，结果乌龟慢慢地赶上来，再慢慢地游过河而赢得了比赛。几番大战后，龟兔各有胜负，它们也厌倦了这种对抗，最终达成协议，再赛最后一次，于是人们看到了陆地上兔子背着乌龟跑，水中乌龟背着兔子游，最后同时到达终点……

"商场上没有永远的朋友，也没有永远的敌人。"这蕴含哲理的名言揭示了竞争与合作的辩证关系，竞争不排斥合作。美国商界有句名言："如果你不能战胜对手，就加入到他们中间去。"现代竞争，不再是"你死我活"的对抗，而是更高层次的竞争与合作；现代企业追求的也不再是"单赢"，而是"双赢"和"多赢"。

6. 联合对手，打开新局面

都说"同行是冤家"。面对同一领域的竞争对手，很多人常常会怒目而视，相互排挤，非要争个你死我活才肯罢休。其实，在同行业之间，竞争能够催人奋进，合作也有利于在互惠互利的基础上达成共赢，为大家创造一个良好的经营空间和利润空间。

聚沙成塔，集腋成裘。一个人的力量总是有限的，如果能够与同行业的竞争对手精诚合作，则能弥补各自的不足，借"对手"之力，达到双赢的局面。一代奇商胡雪岩就非常注重同行间的合作，他说："同行不妒，什么事都办得成。"

胡雪岩看到在太平天国兴起的形势下，各地纷纷招兵扩军、开办团练以守土自保，尤其是江浙一带，直接受到太平天国的威胁；自上海失守后，更是人心惶惶，防务亟待加强，地方上因此大办团练、扩充军队。有了兵就要有兵器，这时各地都急需大批洋枪洋炮。胡雪岩正是看准了这一点，才决定充分利用自己在官场的关系，大做军火生意。

说实话，胡雪岩对买卖洋枪的门道几乎一无所知，但不知道也就不怕。胡雪岩善于变通，他对古应春拱拱手说："你比我内行得多了。索性你来弄个'说帖'，岂不爽快。"一句话，就把担子放到了古应春的肩上。

古应春本事的确不错，提笔构思，转眼就把"说帖"写好，而且妙笔生花，行文漂亮。胡雪岩尽管自己不能动笔，但他却特别会看，而且目光锐利。他一眼就发现"说帖"好是好，就是写得太正统了，把洋枪、洋炮的好处，原原本本谈得很细，读起来很吃力。于是，为了让"说帖"能够打动官府的决策人，胡雪岩建议古应春采取"变通"的方法，说英国人运到上海的洋枪数量有限，卖给了官军，就没有货色再卖给太平军，这方面多买一支，那方面就少得一支，出入之间，要以双倍计算。换句话说，官军花一支枪的钱，等于买了两支枪。

然而，在决定买枪之后，古应春接下来问了一句："除了洋枪，还有大炮，要不要劝浙江买？"这却让向来果断的胡雪岩有点儿犹豫和踌躇，乃至最后放弃了买火炮的打算。原来，浙江有个叫龚振麟的，曾经做过嘉兴县的县丞，道光末年就在浙江主持"炮局"，浙江炮局主要就是制造火炮的。胡雪岩认为，如果他买进西洋炮，由于西洋炮威力大，质量好，必然要顶掉浙江炮局制造的土炮，因而也势必侵害炮局的利益，引起炮局的妒忌。他们为维护自己的利益，肯定会利用自己多年建立起来的影响，大肆挑剔买洋枪洋炮的弊端，反对浙江购买洋炮洋枪。如此一来，不仅洋炮买不成，恐怕就连洋枪也买不成了。

基于这种对人情世故的考虑，胡雪岩决定舍洋炮而买洋枪，不仅有效避免了对炮局利益的触及，而且又选择了一条与众不同的经营项目，另辟市场，不至于引起同行的反对。虽是同行，却能够做到和平共处，这是胡雪岩为了生意的成功而谋划的外部环境。他取枪舍炮的做法，看似缩小了自己的市场，实际上却是为了开辟另一市场而做出的必要让步；在这一新市场上，他不会遭到同行的妒忌和反对，也没有竞争，从而营造出良好的经营空间，赢得更大的利润。

由古至今，善于联合对手的商人，总能打开别人难以打开的局面。

在新加坡，有个地方叫"好客天国"。这个地方，白天是免费停车场，停满了各种各样的车子。晚上，则是小吃王国，这里摆满了各式各样的小吃摊，天南海北的风味小吃应有尽有。在这里，顾客随便坐在一家摊位上，吃了这家的食品，如果还想吃其他风味的，摊主马上会派人取来奉上，结账时只要向这家结就可以了。顾客感到非常方便，摊主之间也从未发生利益上的纠纷。这样，彼此合作，相互依靠，既保证了自己的生意，又照顾了别人的利益。

在这里，有人赚到了第一桶金，从此事业腾飞。陈宗达就是其中一个。他开始在这里摆大排档，赚了钱就跟一起摆摊的朋友合作开食堂。又赚了钱，就跟更多的摆摊朋友合作，开了食品公司。他自己的财富，也迅速膨胀。

而相反，如果一个人只知经营自己的事业，把同行对手全都当作真正的敌人来对待，那么他的利益必然不会长久。

香港漫画家黄玉郎，曾经红极一时，但是他对竞争者残酷无情，对身边的助手和旗下员工也不友好，以致在他炒股失手时，竞争对手和周围的人，或高价收购他的股权，或控告他账目作假，或控告他抄袭他人作品，或控告他妨碍他人著作出版。于是，不但公司成了别人的，别墅和轿车等被政府没收，人还被送进监狱。同行们都说，这是他过分注重自身利益，不顾他人的结果。

所以说，同行之间不仅要竞争，更要合作。依靠对手的力量，将眼光放远，舍小利而逐大利，才能取得最大的利润。

对生意人来说，防止与人争斗，是赚钱经商的优良习惯。在商业中，我们必须重视人与人之间健康、友善的关系，处理好人际关系是事业成功和发财致富的一种能力。把人际关系搞得融洽和睦，在和和气气的氛围中赚钱。"和"为原则，"善"为宗旨，避免在同行间引起矛盾冲突，从而为自己带来无穷的财富。

7. 合作伙伴就像婚姻伴侣

创业之初，想要促成一次商业合作是要经历很多困难的，仅仅是处理与合伙人的关系就足以让你筋疲力尽。但越是这样，我们就越要拿出更多的诚意，就像对待婚姻中的另一半一样来对待合伙人。

当我们选准了适合结婚的伴侣时，总是会对他特别耐心、特别忠诚，用尽一切办法把自己的优势展现在对方面前，希望最终可以一起走进婚姻的殿堂。但也许你不知道，理想的商业伙伴，其可遇不可求的难度更胜于婚姻的伴侣，所以在促成合作的时候，要拿出追求婚姻伴侣的精神和毅力，诚恳、耐心，每个细节精益求精，直到成功合作为止。

"像对待婚姻那样对待自己的商业合伙人"，经过数十年的企业经营实践，李嘉诚对此笃信不移。

当年，李嘉诚旗下公司的塑胶花牢牢占领了欧洲市场，营业额及利润成倍增长，到1958年，李嘉诚的公司营业额达千万港元、纯利超过百万港元，李嘉诚因此赢得了"塑胶花大王"的称号。为了发展自己的塑胶事业，他的下一个目标，就是让塑胶花产品进军美国和加拿大等发达的资本主义国家，希望进一步扩大国际市场。

在此之前，李嘉诚陆续承接过香港洋行销往北美的塑胶花订单，但这根本成不了气候。为了能在幅员辽阔，人口众多，消费水平极高，占世界消费总额的1/4的美国找到合作伙伴，李嘉诚像琢磨爱人的心思那样研究美国市场，最终设计印制出精美的产品广告画册，通过港府有关机构和民间商会获取北美各贸易公司地址。

这样积极的"追求"，果然很快有人愿意"下嫁"。北美一家大贸易商

S公司，收到李嘉诚寄去的画册后，对长江公司的塑胶花彩照样品及报价颇为满意，决定派购货部经理前往香港，以便"选择样品，考察工厂，洽谈入货"。

这家公司是北美最大的生活用品贸易公司，销售网遍布美国和加拿大。机会千载难逢，但还不敢说机会非自己一家莫属。对方的意思已很明显，他们将会考察香港整个塑胶行业，或从中选一家作为合作伙伴，或同时与几家合作。但李嘉诚在收到来函后，还是继续拿出对待婚姻般的热情，立即通过人工转接的越洋电话，与美方取得联系，表示"欢迎贵公司派员来港"。交谈中，对方简单询问香港塑胶业的大厂家，李嘉诚便提出：若有时间，愿意陪同他们的人走访其他厂家。

这又将是一次比选择婚姻伴侣更为严格的选拔！比信誉，比质量，比规模，斗智斗力，方能确定鹿死谁手。李嘉诚决定坚持用对待婚姻的执着态度对待合作伙伴，一定要争取成为北美S公司在香港的独家供应商。

李嘉诚还意识到，要使合伙人青睐自己，一定要提高自身水平，使彼此相匹配。于是，李嘉诚召开公司高层会议，宣布了令人惊愕而振奋的计划：必须在一周之内，将塑胶花生产规模扩大到令外商满意的程度。

无法想象一周之内形成新规模难度有多大。一道环节出问题，就有可能使整个计划前功尽弃。但李嘉诚还是在一周内完成了。

就在外国公司购货部经理到达的那天，设备刚刚调试完毕，李嘉诚把全员上岗生产的事，交与副手负责，自己则亲自驾车去启德机场接客人。见到外商，李嘉诚问："是先住下休息，还是先去参观工厂？"外商不假思索地答道："当然是先参观工厂。"李嘉诚不得不掉转车头，朝北角方向驶去。他心中忐忑不安，全员上岗生产，会不会出问题？汽车驶进工业大厦，李嘉诚停下车为外商开门，听到熟悉的机器声响以及塑胶气味，他的心才踏实下来。

外商在李嘉诚的带领下，参观了全部生产过程和样品陈列室，感到非常满意。终于，李嘉诚以像对待婚姻一样的殷勤、积极赢得了这次难得的合作。

从此，这家北美公司成了长江工业公司的大客户，每年来的订单额数都以百万美元计。塑胶花为李嘉诚带来数千万港元的赢利，长江厂成为世界最大的塑胶花生产厂家，李嘉诚"塑胶花大王"的美名，不仅蜚声全港，还为世界的塑胶同行所瞩目。

通过这家公司，李嘉诚获得了加拿大帝国商业银行的信任，日后与其发展为合作伙伴关系，进而为自己进军海外市场架起一座桥梁。

什么样的婚姻才是好的婚姻呢？肯定是"白头偕老""患难与共"，而不是顺境下的友谊关系。对一个较稳定的婚姻关系来说，关键在于有共同的价值观、相互信任、良好沟通、长期奉献、共享信息、有能力解决冲突和消除误会。好婚姻要培养正确的进取方向，就是要有共同的理想、共同的目标和勇气、技巧，有献身精神并勇于实践，这些话听起来很熟悉吧。成功的十年婚姻也就是成功的十年合作关系。

合作伙伴关系与婚姻有很多相同之处。两者都要求有很恰当的核心理念，两者都为对方带来利益，这要远远超过单独一方可能带来的好处。

当两个人结婚后，结果是一加一等于三或者更多：他、她和他们。"他们"开始了新生活，而他和她依然保留着自己独特的个性。这无论对婚姻还是合作伙伴关系来说都是一个成功的模式。在这种合作关系中，两个不同的组织同处于密切的联合之中，特别是这种联合对双方都有利时，每一方都会自觉寻找共存共荣的方法。你所选择的伙伴也必须接受这种观念，否则这种合作关系从一开始就注定是要失败的，更不用说两者能共存共荣了。

需要展示的10点品质

当你选择合作伙伴时，下列10点关键品质是你必须展示给对方的，并看看对方是否也有这些品质：

（1）渴望获得成功

最好选择一个成功者作为你的合作伙伴。你的合作伙伴必须渴望获得成功，想做得更好，必须对建立伙伴关系有所帮助。

（2）要明白合作双方归根结底是为自己的成功而努力的

人们或组织之所以愿意结成合作伙伴关系，是因为他们理解合作的价值，明白这是一个好的方法。合作双方需要知道合作是什么、不是什么。你们的责任和义务体现在各个方面，不要总是以为你的合作伙伴是为你的最佳利益考虑，你和你的伙伴都是人——所以，你们都容易动摇，而并非总是按照对方的最佳利益行事。

（3）做一个积极的倾听者

要真正地与伙伴心心相通，积极地倾听是一个很重要的技巧。这有助于你了解你必须去做什么，什么时候你的伙伴没有及时履行对你的义务等。双方都保持警觉才能达到双赢的目的。

（4）理解和关注是什么在促进伙伴的业务发展

因为成功的伙伴关系是双方都在一起合作的，所以你必须不断地为此做出贡献。就像你必须在银行中有存款才能要求提款一样，伙伴关系也是如此。你为伙伴增加价值的唯一途径是要清楚你的伙伴——就个人和专业而言——认为什么是有价值的。否则你做了努力，使用了资源，花费了金钱，但是却没有创造价值。

（5）接受并回应别人的反馈意见

只有当双方都愿意接受劝告时，你们的事业才可能向前发展，并从中受益。没有人能通晓一切，如果真能通晓一切，那就没有合作的必要了。我们不是在吹毛求疵，我们真正需要的是双方开诚布公地交流。

（6）灵活变通

你要灵活机动，特别是当事情或环境并不像原来想象的那样发展时更该如此。当前方的道路被冲毁时，如果你不能改变你的方向，那你很可能就会掉进河里，只能无助地等待别人的救援。我们十分需要灵活办事的能力，因为事情并不会完全按我们所预想的那样发展。

（7）你必须值得信赖，行事正直，尊重每一个人

正如人们的品行在结婚以后都不会改变那样，很自然地，我们在确定合作伙伴之前，一定要看看对方是否有这些品质。

（8）寻找双赢的战略安排和解决之道

伙伴关系并非一种零和关系（即此消彼长），相反，伙伴关系通过协作来发挥一种协力优势。为了联盟的利益，你的公司必须全力以赴。同样地，你的伙伴也必须倾尽所能。双赢是我们继续维持伙伴关系的动力。这种关系维持得越久，合作的利益就越明显越强烈。

（9）要清楚合作是一种相互依赖的关系

合作不是完全的依赖或完全的独立。你们的利益圈子相互重叠，这促使你们建立一个极其成功的伙伴关系。重叠部分是对你们双方都有价值的部分。重叠得越大，价值也就越大。重叠部分也是你们相互依赖的部分。携手并进、相互促进正是建立合作伙伴关系的最大收益之一。

（10）做好融合工作

如果别的事情都很到位，但是大家在一起没能很好地融合，那么合作的成功也会受到限制。很自然，你会寻找一个你喜欢的人或组织来合作，并在工作中相互配合。

第九章

合理授权，
多"麻烦"下属的领导才是好领导

❖

　　合理授权对于领导实现企业目标至关重要。事必躬亲，最后积劳成疾，不幸早死的诸葛亮，一直以来都是管理者借鉴的对象。一个企业领导如果不愿意授权或者不善于授权，他领导的企业一定是一个缺乏活力的企业。

1. "有权不授" 引发的弊端

一个领导者事事躬亲是一件美德。这种美德可以作为企业的精神和文化去宣传和教育推广，但却不适合在实际的管理运用层面去倡导。对领导者来说，"有权不授" 也是一把 "双刃剑"。控制得太紧，就会令下面的刀剑黯淡无光、失去光彩。而如果只你一把剑有光彩，周围的剑都没有光彩的话，这种风险和代价也是很高的：万一你这把 "剑" 哪一天退下来了该怎么办呢？你能够保证组织成员的顺利接班、良性更替与持续发展吗？

在人们的眼里，三国时蜀国的宰相诸葛亮是智慧的化身，并且非常勤政，连他自己都说 "鞠躬尽瘁，死而后已"。但是他也有一个缺点，就是事必躬亲。蜀军上上下下，事无巨细，都由他亲自领导、布置，小到军队的钱粮支出，他都要一一审查。蜀国的大小将领，也都机器般地听从他的调遣，可以说一切都在诸葛亮的掌握之中。

诸葛亮凡事亲力亲为，从不相信别人。比如对待李严。李严在刘备眼里，其才能仅次于诸葛亮，刘备在临终时说："严与诸葛亮并遗诏辅少主，以严为中督护，统内外军事，留镇永安。"

刘备目的很明确，让诸葛亮在成都辅刘禅主政务，让李严屯永安拒关并主军务。诸葛亮秉政后，本应充分发挥好李严等人的作用，结果他仍是事无巨细，什么都要过问，惹得李严老大不高兴，矛盾日渐加深。后来诸葛亮以第五次北伐为借口削弱了李严的兵权，将其调到汉中做后勤工作。后来又由运粮事件，"废平（注：李严后来改名为李平）为民，徙梓潼郡"，自己亲自担任运粮官，结果导致五丈原对峙旷日持久，军心涣散。司马懿闻后断言："亮将死矣。" 果如其言，不久诸葛亮就活活累死了。

因此，一个领导者的权力欲望不能太强，特别是这个领导者总是认为自己能力很强，处处要求别人按照其设定的要求行事，甚至事必躬亲，这必然会削弱组织的活力、创造力。这样的领导虽说是十分负责任，但是这种责任感却会让其他人感到不舒服。事必躬亲的唯一好处也许就在于让人敬佩领导的责任心，但其弊端也很多，主要有以下几点：

（1）领导者事必躬亲占用了自己大量的时间与精力，这不利于他集中力量对组织的全局性工作做深思熟虑的思考，结果可能会抓了芝麻，却丢了西瓜。领导在组织中发挥的应该是"脑"的作用，而不是"手"的作用。

（2）使下属的智能与潜力得不到充分的发挥。因为本来属于下属分内的事，领导代劳了，下属就不用花什么心思了，而且自己想要用其他的做法还不行，这就阻碍了下属的创新意识。

（3）领导者事必躬亲会使一些下属产生厌恶的情绪。例如，下属之间发生的矛盾，本来可以自己解决，领导自认为应该出面进行干涉，在不了解起因的情况下，可能会做出不公正的判断，使遭到不公平待遇的下属产生怨恨的情绪，其工作积极性必然大减。

（4）事必躬亲会让下属产生一种不良的依赖习惯，让他们什么事都想等领导亲自来解决，到时候你想不管都不行了。

在企业的实际工作中，许多领导者整天忙得焦头烂额，希望每件事情经过他的努力都能圆满完成，这种事事求全的愿望虽然是好的，但常常收不到好的效果。

美国著名的杜邦公司的第三代继承人尤金·杜邦，是个典型的喜欢事必躬亲、大包大揽的人。

尤金·杜邦在掌管杜邦公司之后，坚持实行一种"恺撒式"的经验管理模式，"一根针穿到底"，对大权采取绝对控制，公司的所有主要决策和许多细微决策都要由他独自制定：所有支票都得由他亲自开，所有契约也都得由他签订；他亲自拆信复函，一个人决定利润分配；亲自周游全国，监督公司的好几百家经销商。在每次会议上，总是他发问，别人回答。尤金的绝对式管理，使杜邦公司的组织结构完全失去弹性，很难适应变化。在强大的竞争面前，公司连遭致命的打击，濒临倒闭边缘。

与此同时，尤金本人也陷入了公司错综复杂的矛盾之中。1920年，尤金因体力透支去世。合伙者也心力交瘁，两位副董事长和秘书兼财务长最后都早早离世。

显然，最终将领导者击垮的不是那些看似是灭顶之灾的挑战，反而是一些微不足道的鸡毛蒜皮小事。追其根由，都在于企业领导者不善于授权。

2. 做不到有效授权，应该先从自己身上找原因

尽管所有的领导者都知道授权很重要，但是能够真正做到有效授权的领导者却很少。他们应该首先从自己身上找原因。在经济日益发展的今天，授权对企业的领导者来说是一个充满希望但同时又令人困惑不解的商业概念。

尽管大家都知道授权有种种好处，但是，为什么至今大多数企业的领导者仍然很难进行真正意义上的授权呢？

理由1："都让他们做了，还要我干吗？"

企业中的领导者们已经习惯了拥有决策制定权，而授权需要领导者放弃一定的决策制定权并把权力下放到普通的员工手中，他们会因此而担心

失去控制权。领导者往往会感觉到他们的地位受到了威胁，甚至可能会感觉到他们即将失去工作。

马华是广东某知名电子制造业公司的市场总监，也是公司的元老之一。他为公司成立两年便占领国内该电子产品领域25%的市场份额立下了汗马功劳。随着公司的业务规模越来越大，马华的工作量也越来越大。为了减轻马华的压力，公司老总特意通过猎头挖来了一名"海归"MBA小王，做马华的总监助理。

起初，小王只是帮助马华做一些内部管理工作，但一段时间之后，小王要求参与一些诸如重要客户谈判的核心工作时，马华开始有些担心了："小王的工作能力是不容置疑的，如果他过多接触到核心工作，而且又做得比我出色，他会不会有一天取代我的位置？不行，我还是得注意一下，少让他接触核心的工作。"

建议：作为领导，应该亲自去做那些有战略意义、不能完全授权的事，比如重要客户、公司长期发展战略、接班人人选、财务、融资、长期激励机制、公司运营机制等这些决定公司成败的关键要素。做好这些事情，领导者的地位不仅不会受到影响，反而会更加牢固。

理由2："与其让他们做又做不好，还不如我全做了！"

有些领导者宁可自己做得那么辛苦，也不愿意把工作分给部下。上海某软件公司的项目经理林强认为："教会部下怎么做，得花上好几个小时；自己做的话，不到半小时就做好了。有那个闲工夫教他们，还不如自己做更爽快些。"

3个月前，林强刚接手了一个新项目，项目团队里新招了几个程序员。程序员小李因为刚毕业不久，一些工作不是很熟悉。眼下项目快到收尾阶段了，但小李却因为一个小问题耽误了一些时间。林强教了小李两次小李都没做好，林强有些烦了，索性代替小李三下两下就将问题解决了。"看来以后有好些工作还是得自己做，否则工作速度实在难以保证。"林强有些郁闷。

建议：作为领导者，确实可以做很多事，但我不可能把所有的事情都自己做了。尽管现在自己亲自动手可以做得比别人好，但是如果能够教会下属，你会发现，其实别人也可以做得和你一样好，甚至更好。也许今天你要耽误几个小时来教他们干活，但以后他们会为你节省几十、几百个小时，让你有空做更多的更深入的思考，以促成你在事业上的更大发展。

理由3："他们总是难以理解我的要求，我怕他们拿着权力做错事！"
企业中的许多领导者认为，由于信息的不对称，员工往往很难真正理解他们被授权后所要达到的工作目标，在这种情况下，他们将要做出的决策会对企业的成本和利润产生很大的影响。

北京某通信公司售后服务部经理张云就有过这方面的教训。有一次，张云在深圳出差，而北京这边一个客户的问题急需解决，他就授权一名下属去处理。由于这名下属平时工作比较出色，做事很让人放心，所以他只是通过电话与下属沟通了两次就没怎么过问。直到有一天，客户气势汹汹打电话来将张云大骂了一通，张云才感到事情的严重性。当他再次与下属联系时，才发现原来下属当初并没有完全明白张云的意思，以至于该为客户解决的事情没解决，时间都花在一些客户原来没有要求的问题上。耽误了时间，事情没有解决，客户当然很不高兴。此事之后，张云再也不敢轻易授权了。

建议：只要多沟通，这种情况其实完全可以避免。同时，这也提醒我们，在下属不是很清楚得到授权之后要达成的目标时，我们不能轻易授权。在授权的过程中，我们需要及时与下属沟通，及时发现他们的问题并帮助他们解决。

理由4："在他们各方面能力还没完全达到时，我总有点不放心。"

领导者还可能担心员工并不具有完全地自由运用权力和制定正确决策的能力，一旦对员工授权，被授权的员工的行为将不再受到以往的规范和制度的限制，他们可能会感到不知所措。

建议：有效授权的前提是授权对象要有能力，但不需要等到对方具有100%的能力，有80%的能力就可以了，这样才能锻炼人员，给他们学习的机会。信任下属，哪怕他们在开始时只达到你期望的一半。你得说服自己相信他们有能力达到另一半。要认识到，如果你不会向下授权，你最终也不会被上级授权。

理由5："企业环境阻碍了我的授权！"

"授权"并不适合所有类型的企业，许多企业环境因素都会影响领导者授权的顺利实施，比如企业并不支持团队工作、企业中仍然存在旧的雇佣关系、传统的官僚组织结构依然存在，以及缺乏适当的反馈和激励机制等等。这些都会影响领导者的授权。只有当企业同时满足了其内部和外部的需要，当企业中的人、制度、文化都愿意或者能够进行改变时，"授权"才能发挥作用。所以，一个相互信任和包容、鼓励员工适当冒险的环境对领导者的授权很重要。

建议：企业文化也是影响领导者授权成功的关键因素。支持授权的企业需要具有独特的管理哲学。帮助性的企业文化（即以人为本、员工相互鼓励而且有自我实现的信念）和参与性的企业文化（即员工的知识、创新和变革要求受到重视），都有助于员工对授权的正确理解，因为个体在自由民主和不受限制的企业环境中时才能感觉到真正被授权。积极授权的企业文化可以培养员工的主人翁意识以及创造性、适应性等观念，让其产生自豪感，这样被授权进行的工作就能有效推进。

3. 过度放权同样是不会管理

那么，企业要不要放权？

当然要放。因为权力下放能调动下属的积极性和创造力。但是权力下放也是有前提条件的。

这种前提条件就是，一个管理者把权力下放以后，这个管理者仍能分享被授出的那部分权力，而不是权力授出去了，管理者就无法再制约你或管理者就没权了、被架空了。

一个管理者权力的"授后无权"或"授后无限"，最终会引发下属权力的滥用、乱用，造成一系列新的管理与运营风险。

其中，主要存在着三大管理与运营风险：

第一，权力架空。

权力被下放后，从管理者自身的角度看，管理者最担心的就是自己会成了"太上皇"，成了一个"有职无权"的摆设。现代很多企业都存在总经理和董事长的权力之争，例如国美电器的黄光裕与陈晓案。如果企业的董事长为了加强对总经理经营上的控制，无形中会利用自己的威望或实力，把总经理下面的副总变成自己的亲信，或者让自己的亲戚担任企业的财务总监。从而在业务流程和财政大权上，达到控制总经理的目的。在这种情况下，总经理要人没人，要钱没钱，就在无形中陷入"高而无位"的泥潭里。这就是权力被架空的结果。

第二，争权夺利。

权力下放时，管理者面临的一大选择就是把自己手中的权力下发给哪一方或哪一个部门。权力就代表着利益，有利益就会有竞争。"争权夺利"的竞争不仅在垂直型组织结构中存在，而且在备受企业家和管理学家推崇的扁平式组织结构也依然存在，并且有过犹不及之处。为什么这么说呢？因为扁平式组织结构主要以项目为主。各个项目组的负责人都由上一层的管理来确定。而为了拿到这个项目的负责权，这些项目组的成员必然会想方设法与上一层的管理打交道。

虽然扁平化组织结构解决了"中央高度集权"的问题，却把企业对外的竞争模式，引入到企业内部来，在内部形成竞争。这种模式演化到最后，就不单纯是两方在激烈地竞争了，而是多方在激烈竞争。因此，管理者权力下放必须要正视下属成员明争暗斗的"争权夺利"，而管理者要考虑的是如何把这种"争权夺利"的内耗成本降低到最低范围。

第三，滥用职权。

权力下放后，管理者担心的另一个问题是如何限制、监督下属权力的使用；如何做，才能保障既让下属感觉到有权力，又能让下属感觉到不可乱用权。温州某集团在河北邯郸投资了一个几十亿的大型项目，由集团监事长任该项目的董事长，目的是达到监督子公司的目的。但是，接下来又存在一个问题，就是这个集团监事长任该项目董事长后，不可能做到事事必问、事事躬亲，于是把审批工程采购的事务交给了该项目的副总。而这个副总因为有了权力，他为了满足个人私欲，便在采购账目上弄虚作假，让公司损失了上百万元。这就是权力下放后产生的权力滥用问题。

以上3种情况中无论哪种，如果自己把权力过度下放，下级就很可能使局面失控，场面可能会变得一发不可收拾。在这种背景下，如果组织没有出大问题还好，如果出了大问题，最终的责任、风险仍然要落到将权力下放的管理者身上。既然权力下放后的风险仍然由这个管理者承担，那这个管理者有什么理由，把自己的权力全部无保留地授予别人呢？所以说管理者在授权的同时，要做到保留自己的实质权力，在合适的时候制约下属。不能因为过度放权，让公司、组织的管理出现问题。

4. 领导者必须要抓的几种"大权"

李嘉诚曾经这样给自己定位："我是杂牌军总司令，我拿机枪比不上机枪手，发射炮弹比不上炮手，但是总司令懂得指挥就行。"

首先，总指挥要抓的是财权。

钱是企业的命脉。高层领导必须清楚地掌控资金大的方向，使其在关键时刻能够自由调动，而那些财务细节完全可以让财务总监去管理。

华为老总任正非以低调朴素著称，总是穿着发皱的衬衣在深南大道上锻炼，经常被人误认为是老工人。他还用过很长时间的10万元处理车，后来还是其他领导劝他买了一辆好一点的，说这样更安全。

你也许会想，这样"抠门"的一个人抓华为的钱袋，华为人没好日子过了；但事实恰恰相反，任正非调动上亿资金眼都不眨一下。

1996年，华为在开发上投入了1亿多元资金，年终结算后发现还节约了几千万。任正非知道后说了一句话："不许留下，全部用完！开发部最后只好将开发设备全部更新了一遍，换成了最好的。

任正非甚至还提出"不敢花钱的干部不是好干部""花不了的要扣工资"等理念。

其次，总指挥必须抓的是人事任免权。

这主要涉及非常重要的人事调动和安排。

诸葛亮曾说："夫兵权者，是三军之司令，主将之威势……若将失权，不操其势，亦如鱼龙脱于江湖，欲求游洋之势，奔涛戏浪，何可得也。"

意思是，兵权就是将帅统率三军的权力，如果失去了这个权力，就好像鱼、龙离开了江河湖海，若想在海洋中自由遨游，在浪涛中奔驰嬉戏，那是不可能的。

这段话一针见血地指出了一个问题，就是兵权对于将领的重要性。一员将领假如失去了兵权，任凭他如何具有雄韬伟略，最后也只会毫无作为。

1996年，本田City在亚洲地区上市，很快成为销售量增长最快的车型系列，深受年轻人的追捧。但是他们肯定猜不到，这款车型是本田公司第三任社长久米抗住巨大压力争取到的。当他制定出战略计划之后，他亲自选定了开发小组的成员。让董事会吃惊的是，这些成员都是20多岁的年轻人，部分人甚至没有过重大项目经验。

有些董事担心地说："都交给这帮年轻人，没问题吧？"

"会不会弄出稀奇古怪的车来呢？"

但久米对此根本不予理会。他既然坐在社长的位置上，就充分行使着自己的大权，并充满信心。不久之后，凝聚了一群年轻人智慧的本田City华丽出场了。它车型高挑，打破了汽车必须呈流线型的常规，一上市就因受到年轻人的追捧而大行其道。

久米用事实证明了自己的眼光，也捍卫了自己这项大权。

再次，总指挥必须抓在手里的是最终决策权，也就是对重要决策拍板的权力。

管理者经常会遇到这种情况：新的意见和想法一经提出，一定会有反对者。其中有对新意见不甚了解的人，也有为反对而反对的人。

在一片反对声中，领导者顿时陷于孤立之境。

这个时候，领导者不要害怕被孤立，对于不了解的人，要怀着热忱，耐心地向他说明道理，使反对者变成赞成者；对于为反对而反对的人，任你怎么说，恐怕他们也不会接受，那么，就干脆不要寄希望于他的赞同。重要的是你的提议和决策是对的。只要真理在握，就应坚决地贯彻下去。

美国总统林肯上任后不久将6个幕僚召集在一起开会，讨论林肯提出的一个重要法案。幕僚们的看法不统一，7个人激烈地争论起来。在最后决策的时候，6个幕僚一致反对林肯的意见，但林肯仍固执己见，他说："虽然只有我一个人赞成，但我仍要宣布，这个法案通过了。"

表面上看，林肯这种忽视多数人意见的做法似乎过于独断专行。其实，林肯已经仔细地了解了其他6个人的看法并经过深思熟虑，认定自己的方案最为合理。

而其他6个人持反对意见，只是一个条件反射，有的人甚至是人云亦云，根本就没有认真考虑过这个方案。

既然如此，林肯自然应该力排众议，坚持己见。

决断，有时是不能由多数人来做出的；多数人的意见要听，但能做出决断的，往往只有一个人。

作为掌握企业大权的高层领导，既要"厚德载物"以理服人，也得做到"该出手时就出手"，当机立断，行使大权。

没有这种强势的姿态就做不成事情。

最后，总指挥还要保证自己的知情权。

即使某些时候不参与决策，把权力交给其他人，作为领导也应该对所做的决策有详细了解。

5. "小"权力应该交给谁？

作为领导者，在进行分权的时候一定要首先搞清楚一个问题：谁是合适的受权者。只要把正确的权力交给正确的人，方能使权力分散产生效应；否则，就会适得其反。

那么，究竟应该把"小"权力交给谁呢？

（1）忠实执行上司命令的人

一般来说，领导下达的命令无论如何也得全力以赴，忠实执行。这是下属必须严守的第一大原则。

如果下属的意见与上司的意见有出入，当然可以先陈述他的意见。陈述之后，领导仍然不接受，就要服从上司的意见。有些下属在自己的意见不被采纳时，抱着自暴自弃的态度去做事，这样的人不应成为上司的辅佐人。

（2）勇于承担责任的人

有些下属在自己负责的工作发生差错或延误的时候，总是列出一火车的理由。这种将责任推卸得一干二净的人实在不能信任。

下属负责的工作，可以说是由上司授予的全责，不管原因何在，下属必须承担差错带来的后果。他顶多只能对上司说一声："是我领导不力，督促不够。"

如果上司问起差错的原因，必须据实说明，千万不要做任何推卸责任的辩解。

（3）不是事事请示的人

遇到稍有例外的事、部属稍有差错或者旁人看来极琐碎的事，也都一一搬到上司面前去请示，这样的领导令人禁不住地怀疑其能力。

下属对领导不该有依赖心。事事请示不但增加了领导的负担，下属本身也很难"成长"。

下属拥有执行工作所需的权限。他必须在不逾越权限的情况下，凭自己的判断把分内之事处理得干净利落。这才是领导期望中需要的中层领导。

（4）上司不在时能负起留守之责的人

有些下属在上司不在的时候总是精神松懈，忘了应尽的责任。例如，下班铃一响就赶着回家，或是办公时间内借故外出，长时间不回。

按理，上司不在，下属就该负起留守的责任。当上司回来，就向他报告他不在时发生的事以及处理的经过。如果有代上司行使职权的事，就应该将它记录下来，事后提出详尽的报告。

（5）准备随时回答上司提问的人

当上司问及工作的方式、进行状况或是今后的预测、有关数字时，他必须当场回答。

许多下属被问到这些问题的时候，还得向他人探问才能回答，这样的中层上司，不但无法管理部属与工作，也难以成为领导的辅佐人。下属必须随时掌握职责范围内的全盘工作，在上司提到有关问题的时候，能立刻回答才行。

（6）致力于消除上司误解的人

上司并非圣贤，也会犯错误或是产生误解。事关工作方针或是工作方法，领导有时也会判断错误。

领导的误解往往波及部下晋升、加薪等问题。碰到这种情况的时期，千万不能一句"没办法"就放弃了事，必须竭力化解上司的这种误解。

（7）向上司提出问题的人

高层领导由于事务繁忙，平时很难直接掌握各种细节问题。能够切实掌握问题的人，一般非中下层领导莫属。因此，他们必须向上司提出所辖部门目前的问题，以及将来必然面临的问题，同时一并提出对策，供上司参考。

6. 选好授权者是授权工作的基础

诸葛亮就是没有选对授权人，才导致让"纸上谈兵"的马谡失街亭。如若当时他选了合适的人去守街亭，那么还会出现"挥泪斩马谡"的故事吗？因此，合适的人选是授权的一个前提，也是成功的关键。并不是每个员工都是授予权力的最恰当的人选，不是每个人都能够达到管理者所要求的条件。

因此，选择合适的人选成为授权工作中最关键的根本所在，人选不合适，不如不授权，否则情况必然会适得其反。

北欧航空的董事长卡尔松感觉到，要想把北欧航空公司改造成欧洲最准时的航空公司，必须进行一次大变革。公司内部的种种陈规陋习已经严重阻碍了公司的发展。

卡尔松的想法是：自己如果有一套切实可行又十分有效的措施，就按照自己的措施施行；如果没有有效可行的措施，就设法找到一个能够进行这种变革、达到既定目标的人。然而卡尔松没有想出更好的办法，因此他必须找一个合适的人选。

卡尔松果然是一个好伯乐，他迅速找到了一个最合适的人选。在一个风和日丽的日子里，卡尔松专程拜会他，以提问的方式叙说："我们怎样才能成为欧洲最准时的航空公司？你能不能替我找到答案？过几个星期来见我，看看我们能不能达到这个目标。"

卡尔松深知管理的艺术所在：如果他告诉那个人应怎么怎么做，并且规定只能花200万美元，那么，在规定的时间内，那个人一定不能圆满地完成任务，他会在期满后过来说，他认真地做了，有一些进展，但仍要再花100万美元，而且完成任务的时间可能会在3个月之后。精明的卡尔松并没有这么做，他是运用提问的方式让对方自己寻找答案，之后他就不用再思考这件事了；而他的合适人选正在冥思苦想，力图找到答案。

最终，那位合适人选找到了答案。几个星期后，他约见卡尔松，说：目标可以达到，不过大概要花6个月的时间，而且要用150万美元的巨资。随即，他向卡尔松说明了自己的全套方案。对于他的回答，卡尔松甚为满意，因为他原本计划要花的钱大大高于150万美元。于是卡尔松放权让这位员工去实施方案了。

大约4个半月之后，那位员工请卡尔松来看他的成果。这时，卡尔松的目标已经达到，北欧航空公司已经成为全欧洲最为准时的公司，更为重要的是他还从150万美元的经费中节省了50万美元。至此，卡尔松甚为得意，他进行了一场大的变革，而且还省了好大的一笔钱。通过合理的授权，让下属找到一个能够达到既定目标的最佳途径。在这个过程中，员工和公司同时得到了巨大的提升。卡尔松的做法无疑是成功的。

选好授权者，是授权工作的基础和关键一环。为此，要求授权者对拟授权的下属做如下分析：

（1）这个人具有哪方面的能力、特长和经验？政治品德如何？他最适合承担何种工作？

（2）委托这个人做什么工作，才能最大限度地激发他的工作热情和潜力？

（3）他目前担负的工作与拟授权的哪些工作关系最为密切？

（4）这个人对哪项工作最关心、最感兴趣？

（5）哪项工作对他来说最富有挑战性？

在上述分析的基础上，才有可能把所要授出的责权与授权者的品德、能力、性格、兴趣等最大限度地统一起来，才能做到把权力授予最合适的人。

在现实生活中，具有以下特点的人，往往是授权的理想人选：一是大公无私的奉献者，二是不徇私情的忠直者，三是勇于创新的开拓者，四是善于团结协作的人，五是善于独立处理问题的人，六是某些犯过偶然的、非本质性错误并渴求悔改机会的人。

选好授权者，除了分析考察每个下属的特点、能力、性格等主观因素之外，还要综合考虑拟授权工作的性质和特点。这样才能恰当地选好授权者。

7. 把合适的人用在合适的岗位上

每个员工都有自己所长，主管要让每个人都能发挥长处，最重要的就是要把合适的人用在合适的岗位上，让每个人的工作效率最优化。

10年来，柯达经理们进行了5次改革，但是都以失败告终。由于失败的挫折和投资者给予的压力，由纽约股票交易所前任董事长约翰·J.范尔霖和可口可乐公司董事长罗伯特·C.戈伊祖塔为代表的公司领导层在1993年辞退了凯伊·R.惠特莫尔董事长。他们推选了乔治·费雪为柯达的新总裁。他们认为，费雪才是这个职位的最佳人选，只有他，才是最适合这个岗位的人。而他，也只有在这个岗位上才能发挥出他的巨大潜力。

53岁的费雪是一位应用数学博士，他曾在贝尔实验室和摩托罗拉公司任职。虽然他对于化学或者是胶片生产知道的不是太多，但是他明白，公司不会轻易地进行改革。费雪当选为柯达公司的总裁后，他对媒体说："柯达有自身的优势，我希望在公司现有的基础之上，寻求令人鼓舞的增长。"

貌似简单而令人吃惊的许诺引起了人们长期的争论。许多投资专家和金融分析家都认为费雪的许诺只是空口许诺。批评家认为柯达公司应该从现在一步一个脚印，脚踏实地削减成本，以获得最大限度的增长。同时收购股票，提高股价。分析家格勒热说："我认为没有人能够做到这样。但是如果费雪做到了，那将是商业一大奇迹。"

结果，费雪上任之后，立刻烧了3把火：开展电子学产品业务、压缩贷款、加强宣传。终于使得柯达一步一步走出了困境。1994年3月，在奥斯卡金像奖颁奖典礼上，柯达说："93%的好莱坞导演都用柯达。"而且，为了实现向海外扩张的梦想，柯达已经采用了可口可乐的营销方式，一步一步地扩大了海外市场。

美国市场评论家们终于认识到，让费雪来担任这个职位是一个多么英明的决定。

其实，主管用人也如此，只要把它放在合适的位置上，就能使他发挥出最大的功效，使绩效大大提高。所以，管理者要学会用人，把合适的人用在合适的岗位上。

(1) "天才型"员工

这一类表面看上去是害群之马的员工往往胸藏机杼，工作游刃有余。他们会因为在工作当中缺乏新的挑战而感到失望。因此，对于这一类员工，我们管理者应该让他们参加特殊的项目，甚至是做团队领导，让他们不断地轮换职位，这样能够使他们在工作中遇到新的挑战。

(2) "沉默寡言型"员工

这一类员工在工作上没有难题，能够应付大部分的工作任务。但是他们不会在团体会议上分享观念，也不会加入团体项目。因此，管理者们对于这一类员工，应该让他们与那些更加积极自信的同事合作，或者不断地给予他们要求更高的工作，改变他们的行为。

(3) "工会代表型"员工

这一类员工往往会觉得，自己要坚持原则和管理层抗争，并且把这当作是自己的职责所在，因为劳资关系是一项永远的斗争。对于这一类员工，管理者们应该让整个团体当场处理他们对于现实与理想的抱怨，与他们直接商谈业务上的问题。

（4）"大材小用型"员工

这一类员工的工作往往不能尽其才，或者相对其工作来说能力过剩。管理者们对于这一类员工应该直接听取他们关于增加职责的建议，委派他们担任领导的角色。

（5）"不堪重任型"员工

这一类员工或许是技能太差或许是缺少培训，不能胜任工作。进一步培训要么不可行，要么是无济于事。对于这一类员工，管理者们应该将他们与那些"大材小用"型的员工搭配，安排他们完成做得来的工作，调整其在团队中的位置或者干脆将其辞退。